天下文化
BELIEVE IN READING

天下文化
BELIEVE IN READING

何謂文化

余秋雨 著

目錄

大地的回答

古典的回答

臺灣版序

給臺灣讀者的話

這本書的書名，看上去有點突兀。

「何謂文化」──這樣的問題，是不是有點不尊重讀者的基本常識？既然是讀者，當然早已親近文化，怎麼還要他們回到起點？

其實，一切起點都非常艱深。人們往往活了幾十年，還無法面對「何謂生命」、「何謂自我」這樣的詢問。同樣，要從根子上來說說文化，難度也很大。我只能拼將自己一生對古今中外的研習和考察，來勉強回答。

臺灣讀者如果讀到過天下文化版的《中華文化──從北大到台大》那本書，就會知道我在回答當代大學生提出的各種社會難題時口氣非常輕鬆、簡捷。將兩本書一比較就可以看出，我對文化的態度是多麼虔誠、恭敬。我以「學理的回答」、「生命的回答」、「大地的回答」、「古典的回答」四個方面，來漸漸靠近文化。這四個方面中，「生命的回答」我最看重，也最牽動感情。但是，恰恰這一部分的絕大多數內容，是臺灣讀者非常陌生的。因此，這本書從開筆到截稿，我從來沒有想到要出臺灣版。

但是，高希均教授還是在第一時間見到了這本書的大陸版，並立即表示出巨大的出版熱情。我問，如果推辭不了，能不能刪去臺灣讀者過於陌生的內容？答覆是：不用刪。與此同時，香港一家著名出版社也要為這本書來簽約。

這讓我進一步領悟，「讓文化回歸文化」的課題，已是目前很多地方的共同困惑。那麼，這本書也算是拋磚引玉吧。

近三十年來，世界上的幾個主要華語圈，都急速地把文化推上了意識形態化、口水互貶化、低級娛樂化的軌道。與世界上其他幾個大語種相比，這種態勢最為嚴重。例如，我對一件事情很驚訝：幾個昔日香港文友，本來還是能夠談談文化和文學的，但幾年不見，完全換了一個人，滿口都是政治語言，還把這種政治語言當作文化語言的「升級版」。其實，他們的很多觀點我並不反對，只是覺得他們畢竟是文人，憑著想像、形容、驚歎來談社會問題，雖然因為文筆流暢而吸引了不少年輕人，但是只要稍稍推敲就紕漏百出，連做個認真的反對派都缺少力度。更何況，他們的立場又不斷轉變，從一個極端轉向另一個極端，讓人很難捉摸。

臺灣的情況就好得多。讀者從這本書裡看到，我曾在〈仰望雲門〉等文章中鼓勵大陸文化向臺灣學習。我說：「從文化氣氛、文化底線、文化守護、文化品行等方面來看，臺灣至少在目前，明顯優於大陸。」「我一直主張，大陸在這方面不妨謙虛一點，先到臺灣仔細看看，再比比自己到底失去了什麼。」

說這些話是誠懇的，而且我回憶了白先勇、余光中、林懷民這些老朋友的某些感性細節，很讓大陸讀者信服。此書在大陸出版至今，讀者都對我的這一個觀點高度認同。但是，在今天這個臺灣版的序言中我必須附加一個說明，我的這些回憶，也約略表達了對臺灣當下文化的某種遺憾。我是個開通的人，一點兒也不反對新興文化方式的出現，至今還是臺灣電視的熱心觀眾。我只是表明，在被不少優秀主播、名嘴、藝人們調理得耳聰目明、能言善辯、喜樂連連的千萬觀眾之中，還需要靠一些巨匠大師的努力，構建起更值得天天仰望和終身皈依的精神高地和美學高地。

臺灣的文化根基比香港深厚得多，因此至今還沒有讓政治評論完全吞噬文化本義。但是，臺灣讀者比較天真，容易相信外來的種種說法，自己在民主化的進程中也大大提高了政治敏感，結果，不少臺灣文化人已經把政治移位到了文化之前，貶損了自己的專業。記得我在回答臺灣大學學生提問的時候，聽到大量的政治問題，有不少信任我的臺灣學生還希望我直接參與政治，這是我與北京大學學生對話時沒有遇到過的。我對臺灣大學的學生說，這些問題我也能回答，也不怕別的，只怕誤導了他人。這就像，每個人都有權利對健康問題談談經驗和意見，但萬不可掛牌冒充醫生。現在世界各地，這種本應是文化人的「假郎中」太多。

八年前在美國召開的一次國際會議上，南美洲的兩位學者痛切論述自己國家依傍著世界經濟大國不知利用，自己卻依然貧困的原因，找了很多條，最後都集中到了一條：寫社會評論的文化人太多。這些文化人的評論，觀念來自傳統，歷來以「公平」來反對市場化，以「主權」來反對國際化。他們的文筆牽動輿論，輿論又牽動國策，結果，幾十年下來，越來越落後。這也就是我所說的文化人扮「假郎中」的壞處。

表面上看，現在大陸的文化仍然很政治，其實那是表象。大陸幅員廣闊，文化隨地生根，誰也沒有興趣去傾聽那些政治評論，不管是正面的，還是負面的。過去也聽多了，早就膩煩。大家越來越明白，政治與文化，並不存在直接的因果關係。中國歷史上那些傳之千古的優秀文化，至多只有十分之一產生於所謂「政通人和」的「盛世」。而十分之九，卻與災難相伴隨。蘇東坡畢生遭受最大的災難而流放黃州時，回顧一生，最後悔的，是以前老是在寫那些慷慨激昂的「策論」，其實自己哪裡懂得政治。他決定不再做「假郎中」，於是一下筆就寫出了〈水調歌頭．赤壁懷古〉和前後〈赤壁賦〉。我在這本書裡把前後〈赤壁賦〉翻譯並書寫了，讓大家看看一個不願再做「假郎中」的文化人能創造出何等輝煌的文學成果。如果又是「策論」，誰會去看？

目前大陸文化的最大問題，不在內容，而在體制上的官位化。真正的文化創造本不需要多少人來「管理」的，卻上上下下設置了龐大的「文化官員」系統，幸好他們基本不懂文化，主要是為了謀一個待遇，擺一個樣子。為了擺樣子，挑選一些文化人當「代表」、「委員」，又設置了官方機構「作協」、「文聯」。我不可能做「代表」、「委員」，但似乎應該進「作協」、「文聯」，然而我還是沒有進。倒不是對這些機構有什麼反感，我文學界的朋友如賈平凹、莫言、余華、張煒等等都在裡邊，但他們是創造者，我卻同時要保持一個文化觀察者的冷靜，也就止步了。這在中國大陸的寫作人中，少而又少。

不僅如此，我還養成了一種荒唐的「潔癖」，儘量避免與任何高官交往。倒也不是把他們全都劃入了權貴利益集團，而是怕他們也是我的讀者，萬一建立友誼後影響我思考的冷靜。北京大學的學生曾經當面問我一個有趣的問題：「有報導說，您在二十多年前辭去上海一所高校的校長職務之後，居然從來沒有見到過上海的任何一位書記，甚至連在集體場合也沒有，整整二十多年都是如此，真是不可思議。這是真的嗎？」

很抱歉，這是真的。不僅如此，我還告訴北大學生：「如果原來的哪位老朋友突然被提升為正部級以上的高官，我一般也不交往了。」這當然沒有什麼道理，就像我和妻子都不吃牛肉一樣，是由一種自創的禁忌，變成了習慣，不想改了。

可能臺灣讀者會問：既然你與官場絕緣，為什麼能成為聯合國世界文明大會的唯一中國演講者，又成為聯合國發佈第一個文化世界報告時與教科文組織總幹事的唯一對話者？

我的回答是：文化與官位無關，是國際共識。國際機構否定了別的很多人而選中我，原因之一就是我沒有官位。

可能讀者又會問：除了國際組織，為什麼在國內，又有那麼多重要的文化古跡選你書寫碑文？對此，我在本書〈自序〉中已有回答，是各地民眾的選擇。按照歷來官場邏輯，大碑須由大官寫，但民眾並不這麼看。而目前風波疊起的官場，也怕上級起落難料。

當然，這中間還存在一個生硬的技術性原因，我也不必迴避。那就是：我的書法，確實比當代多數官員更中看一點。他們忙於公務，沒有那麼多時間來鋪紙揮毫。我想用這些筆墨回答「何謂文化」的最後一個問題，答案是，一種貫串古今的內心寧靜。

二〇一二年十一月二十一日

自序

文化究竟是什麼？

現在，中國到處都在擺弄文化，但很多人心中都擱著這個最根本的問題，沒人回答。

翻翻辭典湊個定義是容易的，但很多定義說了等於沒說。

中國突然渴求文化了，在還沒有弄清楚它是什麼的時候就渴求了。這是一個極為重要的精神契機，過去從來沒有出現過，必須百倍重視。

渴求是因為缺失。既然缺失了，就不會清楚它究竟是什麼。因此，很多渴求都以提問的方式來表達。

對於文化問題，我決定用最誠懇、最隆重的方式來試著回答。

回答分以下四個部分——

學理的回答；

生命的回答；

大地的回答；

古典的回答。

請容我分別加以說明。

學理的回答

這主要是我在海內外的一些演講。其中包括——

第一篇〈何謂文化〉，我在境外一所大學獲頒榮譽博士稱號後的學術演講，聽講者除了廣大師生外，還有同時獲頒榮譽博士稱號的那些第一流科學家。因為是向科學家論述文化，因此力求講得嚴密、乾淨、周致。

第二篇〈利瑪竇說〉，我在聯合國世界文明大會上作為唯一受邀的中國演講者，論述中華文化的一個重要本性。演講時，與外國學者有比較尖銳的辯論。

第三篇〈世界報告〉，我與聯合國教科文組織總幹事博科娃女士的對話。那一天，聯合國發布了自成立以來第一份有關文化的世界報告。我向到場的各國學者，對這份世界報告進行了比較系統的論述。

其他兩篇漫談式的文章，可能比較切合當今中國社會的實際需要。一篇是說個人身上的文化應該表現在哪些方面；一篇是說市長們應該如何來建設城市文化。

這些演講和文章加在一起，從學理上比較完整地回答了「何謂文化」的問題。但是，說是學理，卻並不艱深。艱深大多是為了掩蓋鮮活的真相，我沒有權利掩蓋，所以避免了。

生命的回答

這是本書中最讓我動情的部分。一些已經離世的文化巨匠，幾乎用全部生命揭示了文化的深層奧祕。

謝晉的弱智兒子，天天在門孔上張望著，等待爸爸回來，結果連眉毛都磨光了。最後我們知道，謝家的門孔就是文化的象徵，在封閉的大門上尋找一個亮點，投出一份企盼。謝晉就像他兒子，在門孔上不離不棄。

文化在災難深重的日子裡應該有什麼作為？蕭伯納的中國學生黃佐臨在抗日戰爭爆發後第三天就告別老師，遠赴國難。終於，他創造了在世界大戰中連續多年的藝術奇蹟，展現了中華民族不屈的文化尊嚴。幾十年後，年邁的他又在極左時代創立了世界三大體系中的寫意戲劇觀，又一次震動國際文化界。

成長於五四運動中的文化老人如果一直活著將會如何？巴金用百年生命作了最完滿的回答。前半生做兩件事：「反封建」、「爭人道」；後半輩子做兩件事：「斥棍子」、「講真話」。都那麼樸素，卻概括了二十世紀中國文化中最正派的精神脈絡。

我在回憶自己與這些文化前輩溫馨交往的過程中，又加上了一位自己並不認識的政治人物，這在我歷來的寫作中是絕無僅有的。這位政治人物，就是周恩來總理。他在四十年前領導的文化重建，對於陷於極端民粹主義荼毒的中國文化的再生，十分重要，而且也與我本人息息相關。因此，我用〈四十年前〉和〈尋石之路〉兩篇文章來敘述。我後來為什麼能在諸多傷害中堅持文化？也順便作了回答。

〈欠君三拜〉，寫了一位我不認識，卻在我每次受到傷害時都站出來維護我，而當我準備鄭重感謝時卻溘然離世的大學者。他，就是章培恒先生。我在文章中說，他像一頭遠行的駱駝，把倒下前的最後一口熱氣，也吐給了寒風中的另一頭駱駝，一頭他不認識的駱駝。當然，這是文化的悲壯。

以上幾位巨匠都已去世，最後一篇〈仰望雲門〉則寫了三位依然健在的臺灣文化耆宿林懷民、白先勇和余光中，看他們是如何對待文化的。

這幾篇文章，是我平生散文寫作中的自珍篋藏。每次重讀都會一次次半途掩卷，讓心情恢復平靜。本該單獨出一本精緻小書，但仔細一想，還是讓它們擠在這裡共襄解讀文化的盛舉吧。生命不是概念，但最深的概念唯有生命才能解析，何況，這是一些什麼樣的生命！

大地的回答

文化雖然是一個極大的課題，卻又容易隨風飄散。幸好它也有可能把最堅實的印記留在大地上，那就是散布各處的文化遺址。

文化在中華大地上演出過多大的場面？只有遺蹟可以見證。但是，這些遺蹟是沉默的山，是孤寂的塔，是肅穆的廟，是嶙峋的岸，需要被闡釋、被說明，於是就有了碑。

近三十年，各地在保護和修復古蹟的過程中，都想到了要在保存老碑的基礎上再立新碑。新碑的碑文請誰來寫？據說好幾個地方還進行了民眾投票，大家對我表示了很大的信任。中國社會素重官場，卻把書寫碑文這樣的大事託付給一個並無官職的文人，我感受到一種質樸的文化傳承。有些「歷史重地」份量太重，我推辭再三，卻還有一部分未能推掉。

碑文並不好寫。倒不是因為要與古代那些著名的碑銘詞賦作比較，而是我們作為現代人終於明白了，這是一種「公眾文本」。「公眾文本」必須適合當代普通人閱讀，不能蹈古，不能炫己，不能玩文，不能逞氣，否則就侵害了現代社會「公共空間」的倫理權利。因此我寫碑文，都是立足今日情思，略採古典句韻，蒐集當地意見，力求通俗易懂。不同的碑文，文筆的比重又不相同，有的就完全側向於白話文。

碑文的書法也是我自己寫的，這倒是古代的傳統了。對我而言，也算完成了一種「雙手合攏」的朝拜，一手是文句，一手是筆墨。朝拜的對象，正是山川間的巍巍勝跡。這是我平生所寫最大量的文章和書法，感謝那麼多優秀的工匠，叮叮噹噹地把我們這一代的虔誠刻鑿到了花崗岩和漢白玉上。

在我所書寫的大碑中，選了以下碑文收入本書：立於湖南的《炎帝之碑》，立於陝西的《法門寺碑》，立於安徽的《采石磯碑》，立於江蘇的《鍾山之碑》和《大聖塔碑》，立於上海的《金鐘樓碑》。

我應邀書寫的名勝提額更多，本書選了《秦長城博物館》、《雲岡石窟》、《都江堰》、《昆崙第一城》、《淨月潭》這五幅的說明詞。

這一切加在一起，好像是中國大地的四面八方都在討論什麼是文化了。這個景象，讓我神往。

在那麼多大碑、公碑之後，我又悄悄加了一個私碑，那就是我的好友、大導演謝晉先生的墓碑。理由是，我在碑文中概括的他，也是對文化的一種回答。

古典的回答

為了盡善盡美，我還請出了古人。

我選了幾個最權威的經典文本，把它們翻譯成了當代散文。

我對自己的翻譯提出了極高的要求，那就是必須在充分把握原文奧義的學術前提下，挖掘出古今文思之通，古今詩情之通，古今哲理之通，然後用盡可能優美的白話散文予以表述。因此，這種翻譯，不是拉線搭橋，而是鑿通隧道，其難無比。難在還不能讓人看出來，而必須磨研硬塊，拂除藤葛，就像天生就是這麼平正暢達。

大家從四篇今譯中可以看到，佛陀、莊子、屈原、蘇軾是怎麼看待精神天地的。他們都不是文化的詮釋者，而是文化的創造者。在我看來，惟有創造，才能說明世界，說明文化。

至此，我覺得，對文化的回答已經相當完整。

我在翻譯的時候，又用行書抄寫了這幾篇經典的原文，已收入我幾部書法集。因此，也就順便在本書的每篇今譯之後附印了一點點我的書寫片段。前面的碑文書法我也選了一些片段放在書裡，也許會讓整本書顯得更加靈動、豐富一些。

如此這般，均祈教正。

壬辰年初夏於上海

學理的回答

何謂文化

在接受澳門科技大學榮譽博士稱號後的學術演講

本文探討

一、文化到底是什麼？
二、文化的最終目標；
三、中國文化的特性；
四、中國文化的弊病；
五、近三十年的進步；
六、當前的文化隱憂。

尊敬的許敖敖校長，兩岸三地前來祝賀的教育界賢達，各位教授和同學，下午好！

感謝澳科大授予我榮譽博士稱號。這份榮譽，不僅僅來自稱號本身，更來自於一起獲得這個稱號的其他名字。

這中間，有名震國際的水稻專家袁隆平先生，有指導全國抗擊了SARS災難的醫學專家鍾南山先生，有領導繞月飛行而被稱為「嫦娥之父」的航太專家歐陽自遠先生，有很早被聘為美國大學校長的華人科學家吳家瑋先生，有第一個被聘為英國大學校長的華人科學家楊福家先生……。這些科學家，有的我早就熟識，有的則是新交的朋友，幾天來有機會長時間交談，很是興奮。

我歷來認為，人生最大的享受，不是華宅美食，而是與高人相晤。但是，科學高人們總是極其繁忙，又星散各地，很不容易暢敘。為此，我要再一次感謝澳科大為我們創造了這個機會。

與這些科學家不同，我這次獲頒的是「榮譽文學博士」，因此我今天的演講也就推不開文化的話題了。但是在這裡我首先要向科學家們叫幾句苦：講文化，看起來好像比你們講科學容易，其實並不。原因是——

科學有定量定性的指標，文化沒有；

科學有國際標準，文化沒有；

科學家很少受到非專業的評論，但在當前中國文化界，非專業的評論者在人數上是文化創造者的幾百倍，在言論上都非常激烈。

這三個原因，已經造成文化話語的煙霧迷茫。本來，社會轉型的終極目標是文化轉型，但是，正當社會各部門紛紛向文化求援的時候，原來處於滯後狀態的文化領域反過來充當起了老師。結果就產生了一系列反常現象，例如，最需要改革創新的時代卻推崇起復古文化，最需要科學理性的時代卻氾濫起民粹文化，最需要大愛救災的時代卻風行起謀術文化，最需要發掘人才的時代卻重揀起咬人文化……，等等。正是這些反常的文化現象，使國際間和我們的下一代對中華文化產生了更多的誤讀。

這種誤讀的後果是嚴重的。

我想用一個比喻來說明問題。現在的中國就像一個巨人突然出現在世界的鬧市區，周圍的人都知道他走過很遠的歷史長途，也看到了他驚人的體量和腰圍，卻不知道他的性格和脾氣，於是大家恐慌了。闡釋中國文化，就是闡釋巨人的性格和脾氣。如果我們自己的闡釋是錯亂的，怎麼能夠企望別人獲得正見？

有一個對比，我每次想起都心情沉重。你看，德國發動過兩次世界大戰，本來國際形象很不好。但是，當貝多芬、巴哈、歌德等人的文化暖流不斷感動世人，情況也就發生了變化。中國在世界上，並沒做過什麼壞事，卻為什麼反而一直被誤讀？

我想，至少有一半原因，在於文化的阻隔。

但是，我們對此也不必沮喪。既然問題出在文化上，我們也就應該完整地對它作一些思考了。

一、文化到底是什麼？

你們如果到辭典、書籍中尋找「文化」的定義，一定會頭疼。從英國學者泰勒（E.Burnett Tylor, 1832-1917）開始，這樣的定義已出現兩百多個。那兩百多個定義，每一個都相當長，我敢擔保，你們即使硬著頭皮全部看完，還是搞不清楚文化到底是什麼。請記住，沒有邊界的國家不叫國家，沒有邊界的定義不是定義。

文化定義的這種毛病，讓我想起了美國文化人類學家洛威爾（A.Lawrence Lowel, 1856-1942）發出的歎息：

在這個世界上，沒有別的東西比文化更難捉摸。我們不能分析它，因為它的成分無窮無盡；我們不能敘述它，因為它沒有固定的形狀。我們想用文字來定義它，這就像要把空氣抓在手裡：除了不在手裡，它無處不在。

文化確實很難捉摸。因此，我們官方在講述文化的時候，也只是說它有可能發揮的效果，如「凝聚力」、「軟實力」、「精神家園」等等，都是比喻，至於文化本身是什麼，還是避而不說。近來又有不少官員把文化等同於「創意產業」，這又把兩個不同的概念混淆了。因為文化中那些最經典、最高尚的部位，早在千百年前就完成「創意」，更難以變成「產業」。

按照我的學術經驗，對於那些最難下手的大題目，可以從它的裂縫處下手。你看，文化在這裡就露出了它的一條裂縫：例如，我們身邊有很多跨國婚姻一一離散，離散的原因大多是「文化差異」，然而仔細一問，男女雙方既不在「文化界」，也不是「文化人」。你看，明明是「文化」之外的人，卻因「文化」的原因而不得不撕裂家庭生活，可見，「文化」的含義遠遠大於文化部門和文化職業。這條裂縫，可以讓我們窺知文化的一些奧祕。

我們現在所關注的文化，既不能大到無限廣闊，又不能小到一些特殊的部門和職業，那它究竟是什麼呢？看來，還要想辦法給它一個定義。三年前，我在香港鳳凰衛視的「秋雨時分」談話節目中公布了自己擬訂的一個文化定義。我的定義可能是全世界最簡短的——

文化，是一種精神價值和生活方式。它通過積累和引導，創建集體人格。

對於這個定義中的幾個關鍵字需要解釋一下。我前面說到不少跨國婚姻因「文化差異」而離散，其中一個例子，就是作為丈夫的華人每年清明節必須從美國的公司請假回故鄉掃墓，使他的美國妻子覺得難以理解。這就在「精神價值」和「生活方式」上，說明了「文化差異」是什麼。

文化是一種時間的「積累」，但也有責任通過「引導」而移風易俗。在這個動態過程中，漸漸積澱成一種「集體人格」。中華文化的最重要成果，就是中國人的集體人格。

瑞士心理學家榮格（C.Gustar Jung, 1875-1961）說：「一切文化都沉澱為人格。不是歌德創造了浮士德，而是浮士德創造了歌德。」他在這裡所說的「浮士德」，已經不是一個具體的人名，而是指德意志民族的集體人格，也就是德意志文化的象徵。這種集體人格早就存在，歌德只是把它表現了出來罷了。

在中國，自覺地把文化看成是集體人格的是魯迅。他把中國人的集體人格，稱作「國民性」。他的作品《阿Q正傳》、《孔乙己》、《藥》、《故事新編》等，都在這方面作出了探索。因此，直到今天，他還是高出於中國現代的其他作家。

當文化一一沉澱為集體人格即國民性，它也就凝聚成了民族的靈魂。必須注意的是，民族的靈魂未必都是正面，從歌德到魯迅都曾經深刻地揭示過其間的負面成分。

按照我所擬定的文化定義，今天中國文化在理解上至少有以下五方面的偏差：

第一，太注意文化的部門職能，而不重視它的全民性質；

第二，太注意文化的外在方式，而不重視它的精神價值；

第三，太注意文化的積累層面，而不重視它的引導作用；

太注意文化的作品組成，而不重視它的人格構成；

太注意文化的片段享用，而不重視它的集體沉澱。

所以，大家看出來了吧，我的定義雖然簡短，內涵卻是不小。這不是我的功勞，而是文化在本性上的必然訴求。

由於文化是一種精神價值、生活方式和集體人格，因此在任何一個經濟社會裡它都具有歸結性的意義。十幾年前在紐約召開的「經濟發展和文化轉型」的國際學術研討會上，很多學者達成了一系列共識，值得我們參考。

例如：

「一個社會不管發達和不發達，表面上看起來是經濟形態，實際上都是文化心態」；

「經濟活動的起點和終點，都是文化」；

「經濟發展在本質上是一個文化過程」；

「經濟行為只要延伸到較遠的目標，就一定會碰到文化」；

「賺錢，是以貨幣的方式達到非貨幣的目的」；

「賺錢的最終目的不是為了衣食，而是為了榮譽、安全、自由、幸福，這一些都是文化命題」。

說這些話的人，大多是經濟學家，而不是文化學者。他們不深刻，卻是明白人。

二、文化的最終目標

我們已經從定義上說明文化是什麼，但還沒有指出它的最終目標。不管是精神價值、生活方式，還是集體人格，總會有一個正面、積極、公認的終極指向吧？它究竟是什麼呢？

我剛剛引述的在紐約國際學術研討會上諸多經濟學家的發言，都強調了文化在經濟活動中的重要地位，卻都沒有說明他們追求的文化目標是什麼。

他們所說的文化，如果按照上述定義來解析，那麼，在精神價值上，很可能是指理想、榮耀、成功；在生活方式上，很可能是指遊學、交際、冒險；在人格修煉上，很可能是指崇敬、反省、樂觀。諸如此類，都很不錯。但是，還缺少終極指向。「理想」的內容是什麼？「成功」的標準是什麼？「反省」的基點是什麼？

在這裡我想舉出美國企業家貝林先生的例子來說明問題。我曾為他的自傳寫過序言，與他有過深入的交談。

他對我說，他原先為自己定下的文化目標是「展現個性的成功」。其中，又分了三個階段。第一階段，他追求「多」，即利潤多，產業多；第二階段，他追求「好」，即品質、品牌都達到國際一流；第三階段，他追求「獨」，即一切都獨一無二，不可重複。他說：「當這三個階段全都走完之後，我還不到六十歲。我感到了前所未有的無聊，甚至覺得連活著都沒有意義了。」

直到二〇〇一年三月，一個偶然的機會，他在亞洲某地把一把輪椅推到一個六歲的殘障女孩前，女孩快速學會運用後兩眼發出的生命光輝，把他的生命也照亮了。幾年後，在非洲，一個辛巴威青年背著一位完全不認識的殘障老婦人，用幾天時間穿過沙漠來向貝林先生領輪椅，貝林先生看著這個青年獨自向沙漠深處走回去的背影想：「我一直以為有錢才能做慈善。他讓我明白，我這一生把梯子擱錯了牆，爬到頂上才發現擱錯了。」

現在，貝林先生成天在世界各地忙碌，早已沒有一絲無聊之感。他在做什麼，我想大家一猜就明白。

這是一位六十歲之後才找到了文化的最終目標的大企業家。

他明白了，**文化的最終目標，是在人世間普及愛和善良**。

貝林先生與我們一樣，當然從小就知道愛和善良，並把它們看成是道德之門、宗教之門，卻很少與文化聯繫起來。文化，似乎主要是來製造界線的：學歷的界線、專業的界線、民族的界線、時代的界線、高低的界線、成敗的界線、貴賤的界線、悲喜的界線、雅俗的界線……。在這重重疊疊的界線中，人們用盡了才華和智謀，編製了概念和理由，引發了衝突和談判。這一切，似乎全都歸屬於文化範疇。貝林先生原先爭取的「個性」、「成功」、「多」、「好」、「獨」，也都是因為一條條誘人的界線而被誤認為是「文化追求」。

歌德的一句話，就把整個「局」破解了。他說——

人類憑著聰明，劃出了一條條界線，最後用愛，把它們全部推倒。

因此，貝林先生在六十歲之後獲得的轉變，是他擺脫一重重「小文化」的界線之後所發現的「大文化」。這種「大文化」，居然是他從小就聽熟的詞彙：愛、善良。

愛和善良超越一切，又能把一切啟動。沒有愛和善良，即便是勇敢的理想，也是可怕的；即便是巨大的成功，也是自私的。相反，如果以愛和善良為目標，那麼，文化的精神價值、生活方式和集體人格，全都會因為隱藏的光源，而晶瑩剔透。

一個最複雜的文化課題，立即變得不複雜了。

中國儒家說：「仁者愛人」，「愛人者人恆愛之」，「與人為善」，「止於至善」。他們都把愛和善良看成是最高德行，最後原則。

回溯遠古歷史，最早所說的「文化」，就是指人活動的痕跡。當這種痕跡集中起來，「文化」也就是人類在特定時間和空間上的生態共同體。但是，這樣的共同體應該很多，為什麼只有很少幾個能在極其惡劣的條件下生存下來，而其他卻不能？過去的解釋是，能生存，只因為強大。其實只要稍稍研究一下比較嚴重的自然災害和傳染病疫就能明白，人類在巨大而突發的破壞力面前，一時的所謂強大並沒有用。如果不能互相救助，反而互相爭奪，那麼，誰也存活不了。因此，存活之道，繁衍之道，發展之道，必然包含著大愛之道、善良之道。

從大說到小，就連我們每一個人的生命能夠存在，也必定是無數前人善良的結果。我曾在一篇散文中寫道：

唐末一個逃難者在嚴寒之夜被拉進了一扇柴門，宋代一個書生涉江落水被路人救起，這很可能是我的祖先。一場滅絕性的征剿不知被誰勸阻，一所最小的私塾突然在荒村開張……這些事情，也都可能遠遠地與我有關。因此，我們區區五尺之軀，不知沉澱著多少善良因子。文化是一種感恩，懂得把它們全部喚醒。

我不否認，歷史上更多地存在著「弱肉強食」的叢林原則。但是，正是在血泊邊上的點滴善良，使人類沒有退回叢林變為動物，這就是動物所沒有的「文化」。世間很多最初原理都會變成終極原理，善良也就由此而成了文化的最終目標。

在這個問題上，儒家文化宣示得非常堂皇卻分析不多，而佛教文化卻建立了一個更精密的精神架構。

佛教的邏輯出發點，倒不是善，而是苦。人為什麼有那麼多苦？因為有很多欲求。而細究之下，所有的欲求都是虛妄的。世間種種追求，包括人的感覺、概念、區分，都是空相。在快速變化的時間過程中，連自己這個人也是空相。由此，得出了「無我」、「無常」的啟悟，可以讓人解脫一切羈絆。但問題是，處於早已蒙惡的世間，「獨善」的自己已不真實。那就應該解救和引渡眾人，在「精神彼岸」建立一處淨土。這一來，對於整個人間，都要用善良和慈悲的情懷擁抱和融化，所謂「無緣大慈，同體大悲」，就是這個意思。

包括佛學家在內的很多哲學家都認為，人之為人，在本性上潛藏著善的種子。灌溉它們，使它們發育長大，然後集合成一種看似天然的森林，這就是文化的使命。對於這一點，我本人，是從全民一次次自發救災的壯舉中才深深體會到的。因此我曾多次說，我的文化課程，部分完成於課堂，部分完成於書房，而更重要的部分，則完成於一個個遺蹟廢墟，和一個個救災現場。

德國哲學家康德曾多次表示，對於人類最終的善良原則和道德原則，不可討論，也不必討論。它們像星座一樣高耀頭頂，毋庸置疑，必須絕對服從。

雨果又補充一句：

善良是精神世界的太陽。

當然，不管是星座還是太陽並不能取代一切。文化的天地遼闊而多變，接受善良的光照會有很多不同的層面和方式。例如，思索人生過程，尋找審美形式，表達震驚、恐懼、憐憫、軟弱、無奈，都是以珍惜生命為起點，因此也在善良的坐標之內。吶喊、詛咒、譴責、揭露，也都與此有關。即便是純粹描寫山水，創造美的形態，也都是對人類感覺的肯定，對居息星球的探詢，皆屬大愛範疇。

因此，以愛和善良為終極目標，並不會縮小文化的體量。

三、中國文化的特性

講了文化，就要縮小範圍，講中國文化。

中國文化的特性究竟是什麼？很多學者發表了各種意見，我大部分不贊成。原因只有一個，他們所找出來的「特性」，並沒有區別於其他文化的真正特殊性。

例如：「剛健有為」、「自強不息」、「海納百川」、「尊師重教」、「寬容忍讓」、「厚德載物」等等成語，一直被輪番用來概括中華文化的特性。看起來好像並沒有錯，但一旦翻譯成外文就麻煩了，因為世界上絕大多數民族的經典中都有類似的說法，我們只不過是用漢語文言來表述罷了。

這表明了中國文化和世界文化的可貴一致，卻也表明，我們不能以這些一致性來說明中國文化獨特性。

更重要的是，這些美好的語彙，大多是古代思想家對人們的教誨和宣示，並不能說明大家已經投之於實踐。有一些，恰恰古代思想家是看到大家沒有做到，才提出這種訓誡的。因此，所謂文化特性還必須有廣泛而長久的實踐性。

按照**獨特性**和**實踐性**的標準，我把中國文化的特性概括為三個「道」——

其一，在社會模式上，建立了「禮儀之道」；

其二，在人格模式上，建立了「君子之道」；

其三，在行為模式上，建立了「中庸之道」。

用這三個「道」來說明中國文化與別的文化的根本區別，外國人能接受嗎？

我從六年前開始，就應邀分別在美國哈佛大學、耶魯大學、哥倫比亞大學、馬里蘭大學、華盛頓國會圖書館以這樣一條思路進行演講，迴響十分熱烈。每次演講之後，我照例還會與當地的教授、學者作一些討論。大致可以肯定，這樣的思路比較容易被國際學術界認可。

下面，我想用最簡單的話語，對這三個「道」略作說明。

先說「**禮儀之道**」。我們的祖先早已發現，文化雖軟，但要流傳必須打造出具體的形態。從原始社會傳下來的各種民間文化，大多是以陋風惡俗的強硬方式來推行的。那麼，思想菁英們試圖推行的仁愛、高尚、溫厚、互敬、忍讓、秩序，也不能流於空泛，而必須設計出一整套行為規範，通過一定的儀式進行半強制化的傳揚。例如，出於親情倫理的孝文化，年幼的孩子尚未獲得深刻認知時，也必須學會每天向父母親請安。這種請安就是半強制化的行為規範，也是孝文化得以延續的纜索。因此，所謂「禮儀」，**就是一種便於固定、便於實行、便於審視、便於繼承的生活化了的文化儀式**。設計者們相信，只要規範在，儀式在，裡邊所蘊藏著的文化精神也就有可能存活，否則，文化精神只能隨風飄散。因此，荀子說，「禮者，人道之極也」。意思是，禮儀是人文道德的根本。禮儀當然也會給每個人帶來很多不自由，這一點孔子早就看出來了，因此說「克己復禮」。正是孔子和其他先師們的努力，使中國在不少時候被稱為「禮儀之邦」。

把「禮儀」當作社會模式，也使中國文化在幾千年間保持著一種可貴的端莊。缺點是，「禮儀」太注重外在形式和繁文縟節，限制了心靈啟蒙和個性表達，更阻礙了大多數中國學者進行超驗、抽象的終極思考。

再說「**君子之道**」。儒者企圖改造社會而做不到，最後就把改造社會的目標變成了改造人格。起先，他們設定的行為程式是「修身、齊家、治國、平天下」，修身是出發點，誰知辛苦到後來，治國、平天下的計畫基本落空，因此，出發點又變成了目的地。他們修身的模型，就是君子。

把君子作為人格理想，是中國文化獨有的特徵。在這裡我們不妨作一個宏觀對比：在這個世界上，有的民族把人格理想定為「覺者」，有的民族把人格理想定為「先知」，有的民族把人格理想定為「巨人」，有的民族把人格理想定為「紳士」，有的民族把人格理想定為「騎士」，有的民族把人格理想定為「武士」，而中華民族的人格理想「君子」，不與它們重複。

我們的祖先沒有給君子下一個定義。但是比下定義更精采的是，他們明確設定了君子的對立面——小人。而且，在一切問題上都把君子和小人進行近距離的直接對照。這種理論方式，形象鮮明，反差強烈，容易感受，又琅琅上口，非常便於流傳。

你們看，歷來中國人只要稍有文化就能隨口說出「君子坦蕩蕩，小人常戚戚」、「君子求諸己，小人求諸人」、「君子喻於義，小人喻於利」、「君子泰而不驕，小人驕而不泰」、「君子和而不同，小人同而不和」……等等。結果，兩千多年說下來，君子和小人的界限成了中國文化的第一界限。只要是中國人，即使失敗了也希望失敗得像個君子，而不希望轉變為成功的小人；即使被別人說成是壞人，也不願意被別人說成小人。如此深入人心，證明古代儒者確實已經把一切政治之夢、禮儀之夢凝縮成了君子之夢、人格之夢。

最後說「**中庸之道**」。簡單說來，就是中國文化在本性上不信任一切極端化的誘惑。「中庸之道」認為，極端化的言詞雖然聽起來痛快、爽利，卻一定害人害己。因此，必須警惕痛快和爽利，而去尋求合適和恰當；必須放棄僵硬和狹窄，而去尋求彈性和寬容。

「中庸之道」是一種整體思維方式。它反對切割，而提倡整合；它希望清晰，卻又容忍混沌；它要求結果，卻也承認過程；它知道是非，卻又肯定轉化……。它認為，互補、互動、互易的整體，是世界的真相，而極端化思維則是虛假思維。

中國歷史上也出現過不少極端化事件，就近而言，像義和團、「文革」等等，但時間都不長。占據歷史主導地位的，還是基於農耕文明四季輪迴、陰陽互生的「中庸」、「中和」、「中道」哲學。這種哲學，經由儒家和道家的深刻論述和實踐，已成為中國人的基本行為模式，與世界上其他地方一直在痴迷的宗教極端主義和軍事擴張主義形成鮮明的對照。我認為，中華文明之所以能夠成為人類幾大古文明中唯一沒有中斷和消亡的倖存者，有很多原因，其中最重要的祕密就是「中庸之道」。「中庸之道」在一次次巨大的災難中起了關鍵的緩衝作用、阻爆作用和療傷作用，既保全了自己，又維護了世界。例如，中國的主流文化不支持跨國軍事遠征，這就和其他那些重大文明很不一樣。這種區別，連很多來華的西方傳教士也過了很久才弄明白，發覺根源就是「中庸之道」。二〇〇五年我曾在聯合國世界文明大會上發表了題為〈利瑪竇說〉的演講，以一系列歷史事實，從文化哲學上批駁了「中國威脅論」。

好了，三個「道」，社會模式、人格模式、行為模式齊全，而且組合嚴整，構成了一種大文化的「三足鼎立」。這尊文化之鼎，既是中國人精神凝聚的理由，又是中國人在地球上的一個重大建樹。別人如果不承認，那是他們自己沒有見識。

有些人，直到今天還經常拿著西方近代建立的一些社會觀念貶斥中國和中國人。不錯，那些西方觀念都很優秀，很值得我們學習，但我稍稍也有一點不服氣。因為在那些觀念產生之前，中國文化已經相當剛健地發展了至少五千年。「相當剛健」的證據，就是當同年的鄰居早已紛紛死亡，而它還生氣勃勃地活到了今天，活出了諸子百家，活出了秦漢唐宋，活出了人丁興旺。活得那麼久，活得那麼大，難道就沒有自己的精神價值麼？

幾個月前在臺北，我與一位美籍華人政論者產生爭執。他說：「西方的價值系統，是我們討論問題的起點和終點。」我說：「是不是終點，你我都沒有資格判斷；但我有資格肯定，起點不在那裡。」

四、中國文化的弊病

說了中國文化的建樹，那也就有必要討論一下它的弊病了。

中國文化體量大、壽命長，弊病當然很多。我為了與前面講的三個「道」對應，也選出了三個「弱」。

中國文化的第一個弱項，是疏於公共空間。

「公共空間」（public space）作為一個社會學命題是德國法蘭克福學派重新闡釋

的，卻是歐洲文化自古至今的一大亮點。中國文化對此一直比較黯然，歷來總是強調，上對得起社稷朝廷，下對得起家庭親情，所謂「忠孝兩全」。但是，有了忠、孝，就「全」了嗎？不。在朝廷和家庭之間，有遼闊的「公共空間」，這是中國文化的一個盲區。

你看，古代一個官員坐著轎子來到了某個公共空間，前面一定有差役舉出兩塊牌子：「肅靜」、「迴避」，公共空間一下子又不見了。那麼，似乎只好讓知識份子來關心公共空間了，但是中國文人遵守一個座右銘：「兩耳不聞窗外事，一心唯讀聖賢書」。這裡邊所說的「窗外」，就是公共空間，他們不予關注。他們有時也講「天下興亡」，但主要是指朝廷興亡。

這個毛病，與德國哲學家康德的一個重要論述對比一下就更明顯了。康德說，知識份子的崇高責任，就是「敢於在一切公共空間運用理性。」

我在國外遊歷時經常聽到外國朋友抱怨中國遊客隨地吐痰、高聲喧譁、在旅館大廳打牌等等低劣行為，認為沒有道德。我往往會為自己的同胞辯護幾句，說那個高聲喧譁的農村婦女，很可能收養過兩個孤兒。他們的失態，只說明他們不知道公共空間的行為規範。責任不在他們，而在中國文化。當然，這樣的事說到底確實也與道德有關，那就是缺少公德。

現在，中國文化的這個缺漏只能靠我們當代人來彌補了。我認為，很多城市提出要建設「文化強市」，最重要的支點不在於推出多少作品，而在於重建公共空間。公共空間是最大的文化作品，同時又是最大的文化課堂，從集體人格到審美習慣，都在那裡培養。

中國文化的第二個弱項，是疏於實證意識。

已故的美籍華人史學家黃仁宇教授說，中國歷史最大的弊端是「缺少數字化管理」。他故意幽默地用了一個新詞彙。他特別舉了明代朝廷檔案《明實錄》的例子，發現那裡記載的數字大多很不準確，甚至極為荒謬，但從撰稿者、抄寫者、審核者，到閱讀者、引用者，好像都陷入了盲區。這個盲區，在中國現代有增無減。尤其是那些看上去最具有實證架勢的數位，往往最難相信。什麼「三個月戡亂成功」、「畝產二十萬斤」、「百分之九十五的當權派都爛掉了」等等，這些風行全國的數字有哪一個得到實證？

實證意識的缺乏，也就是科學意識的缺乏。這種傾向，使中國文化長期處於「只講是非、不問真假」的泥潭之中。其實，弄不清真假，哪來是非？現在讓人痛心疾首的誠信失落，也與此有關。假貨哪個國家都有，但對中國禍害最大；謠言哪個國家都有，但對中國傷害最深。這是因為，中國文化不具備發現虛假、抵制偽造、消除謠言的機制和程式。

多年來我發現，在中國，不管什麼人，只要遇到了針對自己的謠言，就無法找到文化本身的手段來破除。什麼叫「文化本身的手段」？那就是不必依賴官方的澄清，也不必自殺，僅僅靠著社會上多數民眾對證據的辨別能力、推理習慣，以及對虛假邏輯的敏感，就能讓事實恢復真相。對此，中國文化完全無能為力，中國文人則大多助紂為虐，幾乎所有後果最壞的謠言，都是文人製造出來的。本來，傳媒和互聯網的發達可以幫助搜尋證據、克服謠言，但事實證明，它們在很大程度上反而成了謠言的翅膀，滿天飛舞。

總之，中國文化在這個問題上形成了一個奇怪的局面，我曾用八個短句進行概括：造謠無責，傳謠無阻；中謠無助，闢謠無路；駁謠無效，破謠無趣；老謠方去，新謠無數。

由此聯想到社會大局，什麼時候只要有人故意造謠生事，一定會引發一場場難以控制的人文災難。我這些年在香港，驚訝地發現那裡很多文人都固執地相信直到今天汶川地震的現場還「哀鴻遍野、民不聊生」，我怎麼用親身見聞來反駁都沒有效果。對照世界上其他遭遇自然災害的國家，救災行動遠遠比不上中國，卻並沒有這種謠言。因此我不能不認定，這裡確實隱藏著中國文化的一大毛病。

中國文化的第三個弱項，是疏於法制觀念。

我不是從政治角度，而是從文化角度來論述這個問題的。中國至今最流行的文學，仍然是武俠小說。武俠小說在藝術手法上頗多佳筆，但在文化觀念上卻一定在頌揚「法外英雄」。這種英雄國外也有過，如羅賓漢、蘇洛，但文化地位遠沒有在中國文化中那麼高。在中國文化中，「好漢」總是在挑戰法律，「江湖」總是要遠離法律，「良民」總是在攔轎告狀，「清官」總是在法外演仁。這類「總是」還可以不斷列舉下去，說明中國歷來的民間靈魂大多棲息在法制之外，或者飄零在邊緣地帶。

當然，這也與中國法制歷來的弊病有關。相比之下，與中國的「水滸好漢」幾乎同時的「維京海盜」，卻經歷了從「家族復仇」到「理性審判」的痛苦轉化過程。中國的這個轉化遲至現代才開始，但在文化上卻一直沒有真正開始。這個問題，我在《行者無疆》一書中討論維京海盜的那些文章，有較詳細的論述。

中國文化對法律觀念的疏淡，嚴重影響廣大民眾快速進入現代文明。讓人擔憂的是，現在有很多官員還在忙著表演離開法制程式的所謂「親民」舉動，把上訪看作起訴，以調解替代審判，用金錢慰撫非法，結果，律法被貶，正義蒙塵，凶者得利，善者受損。更嚴重的是，不少活躍在傳媒和網路上的文人還把自己的喧囂圍啄當作「民間法庭」。其實，中外歷史都證明，世間一切「民間法庭」都是對法律的最大破壞。

中國文化的弱項還有很多，我曾在香港鳳凰衛視中很系統地講過一年，今天由於時間有限，僅舉上述這三點。但是，僅此三點已經夠沉重的了。要克服，恐怕要經過好幾代。

五、近三十年的進步

由於我對文化的定義是精神價值、生活方式、集體人格，因此在整體上對中國文化的現狀很不滿意，有時甚至很憤怒。虛假、空洞、重複、極左、奉迎、低智、惡趣、媚俗之風，在文化領域愈演愈烈。

我認為，造成了這些現象，主要原因是一種陳舊文化體制的慣性延續。由於這種體制與日新月異的社會發展愈來愈格格不入，因此比過去任何時代都不可容忍。

但是，如果不理會這種陳舊體制，而是看社會的正常層面，那麼，在一些基本文化觀念上還是取得了重大進步——

第一，由於三十年來「注重經濟建設」、「改善人民生活」的成功實踐，比較充分地普及了「**民生文化**」。

這種民生文化，已經成為當代社會的思維主軸，改變了整個社會的精神重點，與以前沒完沒了的鬥爭哲學劃出了時代性的界限。以這種民生文化為坐標，過去流行的「宮廷興亡史觀」也在漸漸被「全民生態史觀」所替代。目前，這種民生文化正在向更公平的分配制度、更健全的服務體系、更良好的生態環境推進。這一切，看似經濟事件、社會事件，但在我看來，都是重大文化事件。

第二，由於改革開放，文化視野開拓，比較有效地普及了「**多元文化**」。所謂多元文化，其實也是包容文化、差異文化、對峙文化。絕大多數中國人比以前更能容忍和欣賞許多異己的藝術形態，新生的一代更願意把創造的前沿放在熟悉和陌生之間。這對於長期處於「大一統」傳統之下的中國文化而言，實在是一大進步。與廣大民眾相比，倒是有些官員對多元文化的理解大為落後，仍然固守著單一的保守觀念頤指氣使。但從總的發展趨勢來看，他們已經不成氣候，多元文化的觀念已經推向了全社會。現在，反倒是西方，對中國文化的多元化進程缺少理解和寬容。

第三，由於一次次全民救災的行動，在中國史無前例地普及了「**生命文化**」。

在我看來，全中國上上下下從心底呼喊出「生命第一」的聲音，這是一次非常重大的文化轉型。因為類似的情景在中國歷史上沒有出現過。有了「生命第一」的觀念，人性、人道、人權的命題都可以一一確立，大愛、大善的行為也可以進一步發揚，直逼我在前面所說的文化的最終目標。顯然，這是中國文化從精神上站立起來的最重要標誌。

大家可能已經從香港的報紙上看到，我在五一二汶川大地震之後，與海內外那些熱中於編織「哀鴻遍野五一二」的奇怪人群展開了激烈爭論，核心問題就在於：全民支援災區的事實，要不要肯定？重建中國的文化精神，是靠愛，還是靠恨？我認為，中國社會沉澱的恨已經太多，好不容易迸發出了普天大愛，應該珍惜，不容糟踐。

除了這些奇怪人群之外，不少文化人對於民生文化、多元文化、生命文化的瞭解也落後於廣大民眾。這也難怪，由於以前的文化包袱太重，他們大多還沉溺於書面文化、謀臣文化、大批判文化裡邊，我們應該幫助他們走出昔日的泥淖。

在肯定上述實質性進步之後，我們還應看到，這些進步還帶有不少被動性和脆弱性，有待大力加固和提高。例如，民生文化的加固有待於社會體制的改革，多元文化的加固有待於民主進程的推進，生命文化的加固有待於宗教精神的重建，等等。好在希望已經出現，努力有了依憑。

六、當前的文化隱憂

當前中國文化遇到的問題，比它的歷史弊病還要複雜。

因此，我今天的演講要在這個話題上停留較多時間，大膽地把幾個隱憂坦陳出來。

第一個隱憂，復古文化正在衝擊著創新文化。

前面剛剛講過，我不贊成拿著西方文化的兩百年來壓中國文化的五千年。這話本該說得理直氣壯卻很難理直氣壯了，因為最近幾年，國內突然風行起復古主義，使事情失去了另一番平衡。

其實，任何文化的生命力都在於創新，而不是懷古。要懷古，比中國更有資格的是伊拉克和埃及。但是，如果它們不創新，成天向世界、向後代講述巴比倫文明和法老遺言，怎麼能奢望在現代世界找到自己的文化地位？

很遺憾，打開我們的電視、報紙、書刊，很少有一個創意思維引起廣泛關注，永遠在大做文章的還是一千年前的梟雄心計、七百年前的宮門是非，以及古人之奪、古墓之爭、老戲重拍。

本來，做一點這種事情也未嘗不可，但在文化判斷力不高的現代中國，社會關注是一種集體運動，傳播熱點是一種心理召喚，倚重於此必然厤木於彼。幾年下來，廣大民眾心中增添了很多歷史累贅，卻沒有提升創新的敏感度，這不是好事。

復古文化在極度自信的背後隱藏著極度的不自信。因為這股風潮降低了中國文化與世界上其他文化進行平等對話的可能，只是自言自語、自娛自樂、自產自銷、自迷自醉。這是中國文化自改革開放以來的一個倒退。

更讓人警惕的是，這幾年的復古文化有一個重點，那就是違背我前面講過的「愛和善良」原則，竭力宣揚中國文化中的陰謀、權術、詭計，並把它們統統稱之為「中國智慧」、「制勝良策」。相反，復古文化從來不去揭示中華大地上千家萬戶間守望相助、和衷共濟的悠久生態，這實在是對中國文化的曲解。這種曲解，已經傷害到了民族的文明素質，傷害到了後代的人格建設，也傷害到了中國的國際形象。

這股復古思潮甚至對近百年來發生的某些社會文化現象也進行過度誇耀。例如在我生活時間較長的上海，一些人對於上世紀二、三十年代的「夜上海」、「百樂門」

的濫情描述，對於當時還處於起步狀態的學人、藝人的極度吹捧，就完全違背了基本常識，貶損了一個現代國際大都市的文化格局。不僅是上海，據我所知，這些年各地已經把很多處於生存競爭過程中的民間藝術、地方戲曲，全都不分優劣地當作「國家遺產」保護了起來，把它們稱作「國粹」、「省粹」、「市粹」，順便，還把老一代民間藝人一律封為不可超越的「藝術泰斗」、「文化經典」。這在文化史上鬧了大笑話，還阻斷了民間藝術新陳代謝的自然選擇過程，反而惡化了文化生態。

保護，對破壞而言，是一個正面概念；但對改革而言，則很可能是一個負面概念。今天世界上的「貿易保護主義」，就意味著倒退。

由於很多文化官員對於文化發展的大勢缺少思考，這股失控的復古勢頭也獲得了不少行政加持。結果，當過去的文化現象在官方的幫助下被愈吹愈大，創新和突破反倒失去了合理性。

第二個隱憂，民粹文化正在衝擊著理性文化。

我前面曾經說到，康德認為知識份子的責任是「有勇氣在一切公共空間運用理性」。這句話的關鍵字，除了「公共空間」就是「運用理性」。但這些年來，理性文化還沒有來得及被廣泛運用，卻受到民粹文化的嚴重衝擊。民粹和復古一樣，都是在設定虛假信仰。任何虛假信仰，都是文化欺騙。

每一個正常的現代社會都應該重視民眾的呼聲，但是，這種重視必須通過真正的民主理性和必要程序來實現。應該承認，世上許多重大課題，一般民眾是感受不到，也思考不了的。例如，在我的記憶中，如果三十年前拿著「要不要改革開放」的大問題進行民意測驗，肯定很難通過，因為這牽涉到很多「鐵飯碗」保不住，而一般民眾又無法預計中國後來的發展。又如，現在如果拿著「低碳」、「減排」、「禁獵」、「限牧」、「休漁」等等問題交付民意裁決，情況也很不樂觀。

如果「民意」就是最高原則，那麼，人類為什麼還需要那些苦苦尋求真理的文化大師，而且他們都那麼孤獨？孔子流浪十幾年，一路上沒有什麼人聽他的，除了身邊幾個學生；老子連一個學生也沒有，單身出關，不知所終。如果讓當時的民眾來評判，他們這些默默趕路的人什麼也不是。民眾追捧的，是另一類人物。

對於民粹主義，凡是經歷過「文革」的中國人都不陌生。那時候，普天下都是大鳴、大放、大批判、大揭發，號稱大民主。發起衝擊者，就是自稱「革命群眾」的造反派。他們被一些投機文人封為「弱勢群體」，但當時真正的弱勢群體，顯然是那些天天遭受欺淩的文化菁英。我一直認為，「文革」如果僅僅是一場上層的政治鬥爭，那還算不上災難；但是，當民粹暴力以「民意」的名義大行其道的時候，立即就變成了一場全民浩劫。幸好，他們那時只用大字報，還沒有網路。

民粹很像民主，卻絕對不是民主。民粹的氾濫，是對不民主的懲罰，但是這種懲罰喚不來民主。民粹對於民主的損害，甚至超過專制。因為專制讓人嚮往民主，民粹讓人誤解民主。

由於民粹主義歷來是一群投機文人挑唆起來的，因此還是要有一批真正的知識份子站出來堅持冷峻的理性，與他們對峙。一個可悲的事實是，由於多年來對於民粹的放縱，現在要面對著它來堅持理性，已經成為一件非常艱難的事情。

民粹主義表現在文化藝術上，就是放棄應有的等級和標準，把低層觀眾的現場快感當作第一坐標。

不管是東方還是西方的美學都告訴我們：快感不是美感，美是對人的提升。一切優秀的文化藝術本是歷代大師辛勤架設，提升人們生命品質的階梯，民粹主義拆掉了所有的階梯，只剩下地面上的一片嬉鬧。

當然，嬉鬧也可以被允許。但是應該明白，即使普通民眾，也有權利尋求精神上的攀援，也有權利享受高出於自己的審美等級。

今天我要請在場的同學們冷靜下來設想一下，如果把人類歷史上所有第一流的藝術大師都一一交給當時當地的民眾來「海選」，結果能選上哪幾個？我可以肯定，一個也選不上。「海選」是社會上部分愛熱鬧年輕人的短期遊戲，與藝術的高低基本沒有關係。最有精神價值的作品，永遠面對著「高貴的寂寞」。雖然寂寞，卻能構成夜醒之人的精神嚮往，如黑海的燈，遠山的塔。

總之，不管在哪個時代、哪個國家，文化藝術一旦受控於民粹主義，很快就會從驚人的熱鬧走向驚人的低俗，然後走向驚人的荒涼。

第三個隱憂，文化的耗損機制仍然強於建設機制。

現在經常有人提出這樣一個尖銳的問題：「中國的經濟發展舉世矚目，卻為什麼遲遲不能出現真正被海內外公認的文化成就？」

答案，必定與文化的耗損機制有關。

耗損有不同的類型，我要先講一講「惰性耗損」。「惰性耗損」是一種體制性的毛病，這種毛病耗損了文化的資源，使「惡性耗損」乘虛而入。

今天中國文化的「惰性耗損」，主要耗損在官場化、行政化的體制之中。直到今天，最重要的文化資源仍在體制之內，而最重要的文化成果卻在體制之外。

文化的官場化、行政化，比較集中地體現在中國大陸一層層「領導」文化的部、委、局，以及「文聯」、「作協」這樣的官方機構中。這些機構一定也做過一些好事，當然還可以繼續存在，我的不少朋友也在裡邊。但是現在應該釐清它們的真實性質，免使它們繼續受到不必要的指責。它們實質上沒有太多權力，也沒有當代的代表性，可能會給部分人員一些身分和生活津貼吧，卻無法面對今天中國在文化創建上的真正問題。

其實目前處於文化創造前線的，是年輕的一代。他們天天遇到的障礙、挑戰、掙扎、樂趣，是「文聯」和「作協」無法想像的。這中間的差異，就像「野戰軍」和「軍人俱樂部」之間的天壤之別。現在的體制似乎把「軍人俱樂部」裡的活動當作了戰場，錯把大量的國家文化資源和榮譽資源都給了他們。而在真實的戰場上，卻風沙撲面，蛇蠍處處，缺少支援。

這就引出了「惡性耗損」。

我們應該檢討，在「文革」之後的撥亂反正過程中，對於禍害極大的「革命大批判」，我們當時只是否定了它的具體內容，卻沒有否定它的行為模式。於是，幾十年一過，當「文革」災難漸漸被人淡忘，大批判的行為模式又沉渣泛起了。現在中國文化傳媒界一些不斷整人的投機文人，比「文革」時期的造反派更加惡劣，因為他們明知真相而堅持造謠，明知法律而堅持犯法。相比之下，當年的造反派倒是比他們無知得多。

這種大批判的行為模式，永遠是假借「大眾」的名義，通過捕風捉影、斷章取義、上綱上線、鼓噪起哄，給文化環境帶來巨大的不安全。因此大家都看到了，不少文化人為了安全起見紛紛尋求官方背景，甚至加入軍方的文藝團體。沒有獲得這種背景而又有較大名聲的文化創造者，就成了「惡性耗損」的重點對象。正是這種耗損，危及了中國當代文化的命脈。

這中間，很多傳媒起了極為關鍵的負面作用。近十年來，這些傳媒經常在境外控訴，它們的記者如何受到了哪個縣長、哪個機關的不禮貌對待，似乎他們是正義的化身，又是備受欺淩的「弱者」。但是它們忘了告訴人們，自己就是一種強大權力，不知有多少文化創造者一直受到它們的誹謗、追毆而求告無門。當誹謗被一一揭穿，它們也從來不更正、不道歉、不受罰，總是轉身去謀劃著新的誹謗。

它們為什麼敢於如此？那是因為，這些傳媒都頂著「政府喉舌」的光環，不存在體制上的對立面，更沒有法律上的擔憂。因此，即使沒有受到它們傷害的文化創造者也只能天天如履薄冰、如臨深淵。這，就是當前中國文化成果寥落的主因。

我企盼政府盡快與大多數文化傳媒脫鉤，使它們不再享有特權，隨之也能受到法律的監督和懲處。

從現在看來，中國的法律界習慣於把受毀損的文化人看成是「公眾人物」，似乎理應挨打；把傳媒的暴行看成是「言論自由」，似乎理應施暴。

結果大家都看到了，在文化領域，任何惡性耗損幾乎都不必支付最低的成本和代價。時間一長，文化耗損者的隊伍大大擴充，文化建設又何從談起？

近兩年，很多地方都在為缺少文化人才而著急，準備放寬政策、重獎重賞、多方引進。其實，在我看來，只要阻止了「惰性耗損」和「惡性耗損」，文化人才就成批地站在眼前了。真正傑出的文化人才數量有限，居無定所，永遠在尋找著能夠守護文化等級和文化安全的地方。

講了當前中國文化遇到的三個隱憂，可能會引起大家的不少煩惱。這些問題發作的程度已經不輕，什麼時候能夠緩釋？什麼時候能夠解決？

對此我想作一個讓大家寬心的判斷。

我認為，復古文化的熱潮現在已經越過了峰尖，開始降溫。原因是人們已經發覺那些老句子、老故事、老謀略對於當代生活幫助並不大，產生了厭倦。

同樣開始引起人們厭倦的，是那種「惡性耗損」機制。大家漸漸發現，雖然這種機制每次發動進攻時都聲勢很大，但到最後都疑竇重重。時間一長，連幸災樂禍的起哄者都疲頓了。我想，幾年以後如果中國法院能對一些誹謗罪、誣陷罪作出刑事審判，而獲罪的被告恰恰是那些橫行霸道多少年的傳媒和「大批判文人」，中國文化的情況必定會快速好轉。據我所知，很多人都在迫切地期待著這一天。

我感到悲觀的，反倒是那些看起來危害不大的「惰性耗損」。那麼多爭權奪位的協會，那麼多假大空的晚會，那麼多早已失去公信的評獎，那麼多近似於「樓堂館所」的「文化精品工程」，什麼時候能夠大刀闊斧地收拾一下呢？不少官員也看出了其中的虛耗成分，但覺得反正有錢，用文化做點「面子工程」也未嘗不可。但是，事實證明，這種「惰性耗損」愈熱鬧，真是的文化創造就愈難產。這個毛病的克服，應該與我們的政治體制改革有關。

在所有的焦慮中，我最為焦慮的，是民粹文化的氾濫。我已經一再警告，這裡埋藏這一場巨大的人文災難，危害性超過自然災害和外敵入侵。但是直到今天，我還沒有看到能夠有效抑制它的觀念和方略。反而，天天看到上上下下對它的畏怯、餵食和嬌寵，致使很多憂慮者不得不移民遠去。

說到這裡，大家已經明白我為什麼在演講一開始就在叫苦了。文化，當它以自己的身分爭取尊嚴的時候，一點兒不比政治、經濟、科學簡單。文化又大又難，在文化上即使終身不懈，能做的事情也不會太多。因此，進去的人流總是浩浩蕩蕩，出來的成果總是寥寥無幾。這種情景，與科技領域完全不同。

我很抱歉向年輕的同學們說了這麼多沉重的話題。我想，與其讓你們自己去一點點吃驚地發現，還不如先把真相告訴你們，相信你們能夠面對。

最後，我想改變氣氛，縮小話題，提振情緒，對澳科大的同學們留幾句鼓勵的話，來作為演講的了結——

同學們，不知你們聽了我的演講後，還喜不喜歡文化。但是不管怎麼說，你們逃不開它。那就不要逃，主動投入吧。文化也需要你們。投入文化就是投入創造，就像我們的祖先刻第一塊玉，燒第一爐窯。你們還那麼年輕，應該立即命令自己成為一個文化創造者，而不僅僅是文化享受者。

作為一個文化創造者必須是善良的，絕不會傷害別人，指責別人，而只會幫助別人，把最好的作品奉獻給別人。他的每一項創造，都是出於大愛。文化創造者的精力永遠不夠用，因為他們要探尋全人類和全民族的終極價值和重大憂患，還要探尋最佳的藝術形式，使每一個作品都能提升人們的生命體驗。

作為一個文化創造者必須是誠懇的，不會假裝「復古」來掩飾自己在現代性上的無能，也不會假借「民意」來遮蓋自己在主體性上的乏力。作為一個文化創造者又必須是超逸的，既不會屈服於學歷壓力、職稱壓力、輿論壓力、官位壓力，也不會屈服於同行嫉妒、文人耍嘴、痞子潑汙、傳媒圍攻。只有這樣，我前面所說的諸多弊病、種種隱憂，才會被逐步冷落和化解。

中國文化的前途取決於像你們這樣年輕的創造者。既然一切文化都沉澱為人格，那麼，你們的品行、等級、力量、眼界、氣度、心態，就是中國文化的未來。

就講到這裡吧。整整一個下午，大家聽得那麼專注，那麼安靜，讓我感動。對於在座的名譽博士和各位教授，我實在要說「不敢當」，請你們多多包涵、指正；對於在座的那麼多學生，我要說的是，學習科學技術的年輕人能夠如此誠懇地面對文化課題，真讓我安慰。

謝謝！

（根據二〇一〇年三月二十七日演講，錄音整理。）

利瑪竇說

在聯合國「世界文明大會」上的主題演講

主席，各國的學者、專家、朋友：

我作為本屆「世界文明大會」邀請的唯一中國演講者，準備從文化的視角，對「中國威脅論」提出一點異議。

我是一個純粹的民間學者，堅持獨立思維，連任何協會都沒有參加。因此，今天也只是從個人的立場來談中外學術文化比較中的一個重要問題。

我想從四百年前一位歐洲人的目光說起。

繼馬可・波羅之後，另一個完整地用國際眼光考察了中華文明的，是義大利天主教耶穌會傳教士利瑪竇（Mattew Ricci, 1552-1610）。

與馬可・波羅不同的是，利瑪竇在中國逗留了整整三十年，深入研究了中華文明的歷史和經典，與許多中國學者有充分的交往。他在晚年所寫的《利瑪竇札記》第一卷第六章中，表述了他幾十年研究的一個重要答案，那就是中國文明的非侵略、非擴張本性。

利瑪竇說：雖然中國人有裝備精良的陸軍和海軍，很容易征服臨近的國家，但他們的皇上和人民都從來沒有想過要發動侵略戰爭。他們很滿足於自己已有的東西，沒有征服的野心。在這方面，他們與歐洲人很不相同……

利瑪竇說，當時有一些歐洲學者寫的文章中認為，中國曾經或必然會征服鄰國，擴張自己的勢力範圍。與他同行的一些西方傳教士，也有類似的觀點。他認為，這種說法是不真實的：

我仔細研究了中國長達四千多年的歷史，不得不承認我從未見到有這類征服的記載，也沒有聽說過他們擴張國界。

他還說，他經常拿著這個問題詢問中國博學的歷史學家。他們的回答完全一致：

從來沒有發生過侵略和擴張的事，也不可能發生這樣的事。

對於成吉思汗的大範圍征服，利瑪竇認為，當時中華文明的主體部位也是「被征服者」，而不是「征服者」。

利瑪竇的這部札記，由一位比利時籍的傳教士從中國帶回歐洲，一六五一年在德國出版。後來有拉丁文本四種，法文本三種，德文、西班牙文、義大利文和英文本各一種。

為了在廣泛的對比中研究利瑪竇論述的可靠性，我本人，經歷了長期的研究和考察。甚至，冒險穿越了從北非、中東到西亞這一現今恐怖主義橫行的「古文明發祥地」。在這過程中，我還閱讀了大量的書籍，仔細分析中華文明和其他文明在這些問題上的思維異同。

我發現，古代的希臘人、波斯人、羅馬人、阿拉伯人，近代的西班牙人、葡萄牙人、荷蘭人、英國人、德國人、日本人，都在一系列歷史文獻中留下了征服世界的計畫。但在中國浩如煙海的各類典籍中，卻怎麼也找不到類似的計畫。

古代中國雖然對世界瞭解不夠，但也早已通過一些使節、商人、僧人和旅行者的記述，知道外部世界的存在。在唐代，通過絲綢之路，中國對外部世界的瞭解已相當充分。但是，即便如此，中國在實力很強的情況下，既沒有參與過中亞、西亞、北非、歐洲之間的千年征戰，也沒有參與過近幾百年的海洋爭逐。

這實在太讓人驚訝了。大家都在伸手，它不伸手；它有能力伸手，還是不伸手。大家因此不理解它，不信任它，猜測它遲早會伸手。猜測了那麼多年，仍然沒有看到，大家反而有點慌亂和焦躁。

是啊，這究竟是怎麼回事？

產生這種情況的根本原因，是中華文明的本性決定的。

中華文明的主體是農耕文明，與海洋文明和遊牧文明很不相同。海洋文明和遊牧文明大多具有生存空間上的拓展性、進犯性、無邊界性。它們的出發點和終點，此岸和彼岸，是無羈的，不確定的。相反，中國農耕文明的基本意識是固土自守、熱土難離。它建立精良軍隊的目的，全都在於集權的安慰和邊境的防守。農耕文明的「厚土觀念」、「故鄉情結」，上升為杜甫所說的「立國自有疆」的領土自律，結果，中國歷代朝野壓根兒對「占領遠方」不感興趣。

萬里長城作為中華文明的象徵，便是防守型而不是進攻型的證明。我在中東和歐洲見到不少進攻型的城牆，總是圍成一個大圈，用的材料是剛剛被破壞的古典建築殘片，裡邊造了很多馬槽，只等明天一開城門，蹄如箭發。經過反覆對比，我終於強烈感受到，中國的萬里長城是幹什麼的了。

即使具有馬背上的尚武精神，中國軍人也主要是為了守護疆土、排除干擾，偶爾有一些邊界戰爭，但也僅止於此。即使有些使者遠行萬里，也是為了《堯典》所說的「協和萬邦」。明代的大航海家鄭和七次大航海也是為了這個目的，對於所到之地並無領土要求。從鄭和本人到每一個水手，一絲一毫都沒有這種念頭。而且正如大家知道的，他七次大航海結束後，朝廷又是長期的閉關自守。這與晚他六十年的歐洲航海家哥倫布等人發現新大陸相比，就完全不同了。不同在行動，但行動的背景是文化。

這種非侵略性的特點，也護佑中華文明成為所有人類古文明中傳至今日的唯一者。因為在古代，一切軍事遠征都是文明自殺，或遲或早而已。

這個觀點也獲得了現代國際學術界的支援。三十多年前美國學者愛德華・麥克諾爾・伯恩斯（Edward McNally Burns）和菲力浦・李・拉爾夫（Philip Lee Ralph）合著的《世界文明史》（*World Civilizations*）第一部分第七章第一節寫到中國文明時，曾經這樣說：

> 它之所以能長期存在，有地理原因，也有歷史原因。中國在它的大部分歷史時期，沒有建立過侵略性的政權。也許更重要的是，中國偉大的哲學家和倫理學家的和平主義精神約束了它的向外擴張。

我認為這兩位學者說得很內行。漫長的歷史，沉澱成了穩定的民族心理。中華文明的內部，為了爭權奪利發生過大量的血腥爭鬥；但是對外，基本以和平自守的方式相處。它大體上是一種**非侵略性的內耗型文明**。國際社會一次次產生的「中國威脅論」，只是一種被利瑪竇神父早就否定過的幻覺。

中華文明的固土自守思維，也帶來了自身的一系列嚴重缺點。例如，自宋代以來，雖然屢有邊界戰爭，卻對世界上其他文明的瞭解愈來愈少，已經很難見到從北魏到大唐的世界視野了。尤其是明代以後，更是保守封閉，朱元璋親自下達了「片板不許入海」的禁令，不知道歐洲在「地理大發現」後，海洋已經開始被劃分、被武裝，結果失去了原本可以擁有的海洋活力。中國在十九世紀所遇到的一次次沉重災難，全都來自海上。

偶爾翻書，讀到清代晚期主持朝廷外交的李鴻章寫於一八七四年的一段話，表示他已感受到中國在這方面的生存危機——

> 歷代備邊，多在西北。……今則東南海疆萬餘里，各國通商傳教，來往自如，麇集京師及各省腹地，陽托和好之名，陰懷吞噬之計，一國生事，諸國構煽，實為數千年未有之變局。

他所說的東南海疆間各種外部勢力名為和好，實想吞噬，「一國生事，諸國構煽」的情景屢屢發生，這是李鴻章深感不解的。我在幾年前系統地考察了維京海盜的歷史，才知道「一國生事，諸國構煽」，其實是出自於「一船尋釁，諸船圍攻」的海盜文化，中國對此瞭解不多，因此當時幾乎都束手無策。處於如此狼狽的境地，還被「構煽者」誣陷為「威脅」，中國實在受冤屈了。在這裡，請原諒我要借用兩個中國成語，來揭示「構煽者」的行為。說輕微一點，他們是「以己度人」；說嚴重一點，他們是「賊喊捉賊」。

中華文明在近幾百年的主要毛病，是保守，是封閉，是對自己擁有的疆土風物的高度滿足，是不想與外部世界有更多的接觸，結果，反而頻頻遭來列強的欺侮而無力自衛。

作為一名文化史學者，我很希望國際同行們能像利瑪竇一樣，真實、深入地研究中華文化，然後作出合理的判斷，而不應該隨著某些政客，想當然地來評述一個歷史最長、人口最多的文明。現在我們看到的某些書籍，把中華文明的優點和缺點恰恰顛倒了，真是有點可笑。

剛才這位日本學者的觀點，我更不能贊同。你說十餘年前曾在上海復旦大學做訪問學者，正好那時我是復旦大學兼職教授，有此同校之誼，我也就直言了。

作為日本學者竟然如此不瞭解中國人的集體心理，我深感驚訝。難道，唐代的船帆、近代的戰火、現代的血泊，還不能讓你比利瑪竇更感知中華文明？我知道我的同胞，他們所要的，不是報復，不是雪恨，不是擴張，不是占領，而只是歷史的公道，今天的理性，未來的和平。

今年是美國向日本投擲原子彈並結束太平洋戰爭六十週年。記得五年前我曾經應邀到廣島，參加八月六日的和平大會。會上，由原子彈的受害者代表、投擲者代表發言，一個是日本人，一個是美國人，都上了年紀。我是第三方發言者，代表被日本侵略國的民眾。

我說，我是二戰結束後一年出生的，從懂事開始，就知道侵略和被侵略，就知道燒殺搶掠，就知道家國深仇。但到少年時代，整個中國卻被一種聲音所裹卷，那就是「中日人民要世世代代友好下去」。就連那些死了很多人的家庭，也都艱難地接受了這個口號。我熟知世界歷史，從來沒有發現另一個地方，另一種國民，能夠如此高尚地呼喚和平。帶著巨大的傷痛，帶著恐怖的記憶，卻全然放下，只要和平。

在這種情況下，應該讓他們看到對方的真誠。萬不能故意再去觸動遠年的傷疤，還把責任推給他們。

既然你到過中國，我建議，學習利瑪竇，更加深入地研究一下中華文明。這種學習和研究，應該擺脫「冷戰」思維慣性，擺脫國際政治「陰謀論」的沙盤推演，而是回歸文化，回歸由文化所沉澱的集體心理。這種集體心理，也可稱之為「集體無意識」，即一種很難變化的心理本能。

中華文明作為一個龐大種族在幾千年間形成的精神慣性，早已把和平、非攻、拒絕遠征等等原則，變成不可動搖的「文化契約」，根植於千家萬戶每個人的心間。其實，任何存疑的外國人可以到中國鄉間，隨意詢問任何一個地頭老農。我保證，誰也不會對遠方的土地產生不正常的興趣。

如果離開了基本事實，離開了歷史文化，離開了集體心理，偽造出「中國威脅論」，互拾餘唾，不斷起哄，那是學術的悲哀，良知的墳墓。

最後，我要感謝大會在討論中國文化的時候，能夠邀請中國學者作主題演講。

謝謝！

（二〇〇五年七月二十日，東京）

世界報告

對話博科娃

說明：

博科娃女士現任聯合國教科文組織總幹事，二〇一〇年五月二十一日，她到中國來親自發布一份有關文化的世界報告。自從聯合國教科文組織一九四五年十一月成立以來，發布以文化為主題的世界報告還是第一次，因此，這一天有歷史意義。

發布的地點，在上海世博會的「聯合國館」。發布儀式上有一個環節，是我與她的對話。對話的程式很簡單：先由她介紹這份世界報告的基本思路，接著由我從文化價值上作一番闡釋，最後她表示感謝。兩方面並沒有出現具體觀點上的切磋和討論。

聯合國的總幹事，當然是一名大官，而我卻沒有任何官職，這怎麼構得成「對話」的相應身分？主持人為此向各國聽眾介紹我：「親自歷險數萬公里考察了全球各大文明遺址，又擁有最多的華文讀者。」我連忙更正：「最多」的統計經常在變，現在已經不是。

下面就是我在發布儀式上對這份「世界報告」所作的六段闡釋，根據現場錄音整理，並補充了另一場發言的相關內容。

一

尊敬的博科娃總幹事，歡迎您來到上海。

由於您親自到這裡來發布聯合國有史以來第一份以文化為主題的世界報告，今天的上海特別晴朗。

您剛才反覆論述，這份世界報告的宗旨是「文化的多樣性」。這個宗旨，當然非常重要。但恕我直言，大家都可能把它看成一個很平常的提法，誰也不會反對，誰也不會激動。

產生這種情況的主要原因，從學術上說，是出現了「對立面的泛化」。對此，我解釋一下。

「文化的多樣化」，顧名思義，它的對立面應該是「文化的單邊化」，也就是某種文化在當今世界的獨霸。但是，現在並沒有一種文化宣布這種企圖，也沒有一個理論家推出這種主張。就連「單邊化」嫌疑最大的那個國家，主要也「單邊」在國際政治上，它自身的文化則保持著「多樣性」。它近年來對伊斯蘭文化和中華文化的防範，也總是尋找文化以外的藉口。因此，如果要尋找「文化多樣化」的對立面，人們缺少現實對象，只能聯想到古羅馬，聯想到剛剛發現美洲時的西班牙，以及後來的「日不落」大英帝國。連一些浩蕩遠征的軍事強權，如亞歷山大、成吉思汗等，也沒有來得及消除「文化的多樣性」。

由於對立面的不確定，也就使我們今天的宗旨有一點褪色。

那麼，「文化的多樣性」的宗旨，究竟是針對什麼？

我認為，全部問題的核心是：在多樣性的文化之間，究竟是導致必然衝突，還是有可能互相包容？

所以，真正的對立面，是以杭廷頓先生（Samuel Huntington）為代表的「文明衝突論」。

杭廷頓先生的理論，被當代世界誇張、誤讀，結果，為各種衝突找到了「文明」的依據，這就使衝突愈來愈嚴重了。在這之前，世界歷史上的那麼多衝突，還未曾找到那麼明確、那麼充足的「文明」理由。

正是「文明衝突論」，有可能使文明與文明之間的對話關係變成了對峙關係，互敬關係變成了互警關係，互訪關係變成了互防關係。時間一長，每個文明的目光愈來愈自我，愈來愈偏執，這就從根本上背離了我們的「多樣性」宗旨。

這，確實值得聯合國發布一個單獨以文化為主題的世界報告，來正本清源。

二

杭廷頓先生的《文明的衝突》，發表在一九九四年。一發表，就在世界上產生了極大影響，這是為什麼？

那是因為，當時全世界的智者們都開始回顧和總結二十世紀，以便更好地走向二十一世紀。大家一回顧總結，無窮無盡的槍炮血泊又回到了眼前。二十世紀太可怕了，不僅發生了兩次世界大戰，而且又持續了嚴重的「冷戰」。但是，到了二十世紀最後十年，似乎一切都煙消雲散。什麼同盟國、協約國、法西斯同盟、反法西斯同盟，什麼社會主義陣營、帝國主義陣營，都已成過眼雲煙，就連後來匆忙提出的「三個世界」劃分，也很快發生了變化。總之，一切作為二十世紀衝突根源的政治依據，眼看著都很難延續。但是，這並沒有給人們帶來心理上的安全感，反而，由於不知道新的衝突根源，人們更慌亂了。大家不喜歡衝突，但更不喜歡那種不知道衝突由來的無準備、無邏輯狀態。因此，地球的各個角落，都在期待一種判斷，一種預測。否則，就不知如何跨入二十一世紀了。

正是在這種情況下，美國哈佛大學的政治學教授杭廷頓先生出場了。他說，二十一世紀的衝突，將以「文明」為坐標。他預言，所有古往今來所積聚的不同文明群落，在擺脫別的種種歸類後，將以自己的文明為皈依，然後與其他文明對弈、糾纏、衝突。在所有的文明群落中，二十一世紀最重要的衝突將發生在最重要的三大文明之間，那就是西方文明、伊斯蘭文明、中華文明。

這種解釋和劃分，乍一聽，理由比較充分，具有文化含量，又有現實證據，因此一發表便轟傳各國，萬人矚目。

有人說，杭廷頓先生的厲害，就是從政治劃分回歸到了文化劃分，而文化確實比政治更穩固、更長久。這就無怪，「文明衝突論」成了二十世紀晚期最重要的人文理論。

但是，從一開始，就有學者指出了這種理論的弊端。

我作為一名東方學者，就於一九九九年兩次明確地批評了杭廷頓先生的兩大局限——

一是以西方立場來解析文明格局。帶有冷戰思維的明顯印痕，只是以「文明」之名鎖定了新的對手；

二是以衝突立場來解析文明格局。淡化了比衝突更普遍的文明交融和文明互置，實際效果令人擔憂。

我不能說，從世紀之交開始激化的西方文明和伊斯蘭文明之間的愈來愈嚴重的衝突，是由杭廷頓先生的「文明衝突論」引起的；但是，衝突的事實和衝突的理論之間，確實起了「互相印證」的作用。因此，從新世紀開始以來，如何面對這種理論，成了人類文化的一個大課題。

三

於是，二〇〇四年聯合國發布的《人類發展報告》，雖然不是專談文化，卻明確地對「文明衝突論」予以否定。

我本人有幸受聯合國開發計畫署之邀，參加了這個報告的研究和討論。我和各國學者在研究和討論中一致認為，「文明衝突論」的錯誤，在於把正常的文明差異，當作了世界衝突之源。因此，我們必須反過來，肯定差異、保護差異、欣賞差異，讓差異成為世界美好之源。在這個意義上，「多樣化」這個概念，就成了保護差異的理由和結果。

我記得，在討論中，使用頻率最高的兩個英文詞是difference（差異）和diversity（多樣性）。兩個D，後來又增加了一個D，那就是南非大主教圖圖那句話的第一個字母：「Delight in our differences」（為我們的差異而歡欣）。

大家看到沒有，圖圖大主教的這句話，就被正式寫到了那年《人類發展報告》的前言之中。與這句話一起，還出現了一句果斷的結論：本報告否定文化差異必然導致文明衝突的理論。

有趣的是，我在聯合國的各種報告中，很少讀到這種堅定的結論性語言。在那次研究和討論中，我才知道，其實早在二〇〇一年，聯合國已經通過了一個《世界文化多樣性宣言》。後來，二〇〇五年，在聯合國「世界文明大會」上，又通過了《保護和促進文化表現形式多樣性公約》，作為對二〇〇一年那個宣言的補充。我又一次應邀參加了這個大會並發表了主題演講，以「文化多樣性」的原理提醒國際學者，應該更深入地瞭解非常特殊的中華文化，不要以自己的文化邏輯橫加猜疑。

聯合國畢竟是聯合國，清晰地知道當前世界的主要麻煩，是以「文明差異」或「文化差異」的理由，爆發衝突。因此，始終沒有離開這個焦點，多年來一直鍥而不捨地發宣言、訂公約、開大會，實在讓人感動；但同時，聯合國又畢竟是聯合國，總是那麼紳士派頭，說來說去還是「多樣性」，委婉平和，不作厲聲疾語。

今天發布的世界報告還是一如既往，從「多樣性」出發來否定文明衝突。但是，與過去的宣言和公約相比，它又大大進了一步，從學術深度上指出了杭廷頓理論的「三大錯誤假設」。在我看來，這在同一問題的思考深度上，達到了前所未有的高度。

因此，請允許我稍稍花一點時間，對這「三大錯誤假設」作一些解釋。

四

杭廷頓先生的「文明衝突論」，就像歷史上很多轟傳一時卻站不住腳的理論一樣，立足的基礎是一系列假設。學術研究是允許假設的，但杭廷頓先生未能誠懇地表明是假設，顯然是一種理論錯誤。

「文明衝突論」的第一個假設，是粗糙地設想人類的每一個文明群落在文化歸屬、文明選擇上，只能是單一的。事實上，全部世界史證明，這種歸屬和選擇都是多重的，疊加的，互相依賴的。因此，那種看似「正宗不二」的單色、單線、單層、單調，只是一種假設，一種出於幼稚而懶惰的思辯方便而進行的「想像式提煉」，與實際情況相距甚遠。

「文明衝突論」的第二個假設，是武斷地設想不同文明之間的邊界是一條條水火不容的封閉式斷裂線。事實上，所有這樣的邊界都是多孔的、互滲的、鬆軟的。文明的邊界不像戰時國界那樣壁壘森嚴，而是渾沌地包括著風俗、語言、婚姻、祭祀、歌舞等等生態文化的不可分割元素，即使某些地方出現了區劃，仔細一看也是異中有同、同中有異，甚至大同小異。因此，那種以鄰為壑式的所謂文明邊界，其實也只是一種不真實的理論切割，為的是使衝突雙方「到位」，並找到「衝突的身分」。這很不應該，因為絕大多數「衝突的身分」，是自欺欺人的虛構。

「文明衝突論」的第三個假設，是魯莽地設想每種文明的傳承都是保守的，凝固的，復古的。事實上，世界上的多數文明都在忙著創新、改革、廣采博納、吐故納新。我走遍全世界，看到一切活著的文明都很不確定，一切健康的文明都日新月異。因此，它們都不可能拿著千年不變的模式去與別的文明衝突。在學術上，把不確定的活體說成是僵化的實體，那就是在為衝突製造理由。

以上所說這三個「錯誤假設」，是「文明衝突論」所隱藏的三個理論支柱。今天發布的世界報告明確指出了這一點，我很希望世界上有更多的人能夠看到。如果大家都明白了各種文明之間歸屬的疊加性、邊界的模糊性、內容的變動性，那麼，信奉和執行「文明衝突論」的人群就會大大減少。

五

在這個問題上，我還想談談個人的感受。

前面提到，我在上世紀末就對「文明衝突論」提出異議。這種異議，較系統地見之於我在考察世界各大文明後寫的書籍《千年一歎》和《行者無疆》中，也見之於我花了兩年時間在香港鳳凰衛視的談話專題「秋雨時分」中。

照理，我實地考察了當今世界衝突最嚴重的中東、北非、中亞、南亞地區，最能呼應「文明衝突論」，為什麼卻反對了呢？

我在那兩本書裡寫道，看來看去，確實到處都在發生衝突。但是，所有的惡性衝突都發生在文明和野蠻之間，而不是發生在文明和文明之間。因此，當今世界應該劃出的第一界限，是文明和野蠻的根本區別。

那麼，什麼是「當代野蠻」呢？我在書裡一再指出的七項，那就是：恐怖主義、核競賽、環境破壞、製毒販毒、極端霸權、極端民粹，以及面對自然災難和傳染病無所作為。從事這些「當代野蠻」的人和反對這些「當代野蠻」的人，散布在不同的族群裡。如果有人硬把文明和野蠻的衝突解釋成文明與文明之間的衝突，那麼，他們就有掩飾自己野蠻行徑的嫌疑。

我在幾本書裡反覆表述了這樣一個意思——

幾萬里歷險告訴我，「文明」之所以稱為「文明」，互相之間一定有共同的前提、共同的默契、共同的底線、共同的防範、共同的災難、共同的敵人。這麼多「共同」，是人類存活至今的基本保證。如果有誰熱中於文明族群之間的挑唆，那就勢必會淡化乃至放棄這麼多「共同」，最後只能導致全人類的生存危機。

在這麼多「共同」下，文化差異就必須被保護、被欣賞了，並由此產生文化的多樣性。

對於守護文明的共同底線，我們的態度是嚴峻；而對於保護文明範圍內的多樣差異，我們的心情是喜悅。

在這裡，我想特別說一說專業的文化行為。因為我發現，在文明課題下的輕重顛倒、敏感挪移、是非混淆、悲喜錯置，這樣的事情，一直是由一批文化人在操弄。他們的文化地位和社會影響，造成了濃重的人文迷霧，使很多人失去了正常的判斷。

由於文明與文明之間的差異被他們誇張成了你死我活，我們經常可以聽到激烈的文化自守言論。對此，我還是只能以自己為例來作一些分析。

我在華文讀者中的形象，是中華文化的搜尋者和捍衛者，因此那些激烈言論也總是在我身邊鼓蕩，希望由我進一步來帶頭強化。但是，只能讓他們深深失望了，因為我的看法完全不同。我寫道——

> 不錯，我是中華文化的忠誠闡釋者，但是，我完成這些思考的基礎邏輯，是歐基

理德幾何學給予我的；我文化思維的美學基礎，是黑格爾、康德給予我的；我的現代意識，是榮格、愛因斯坦、沙特給予我的。我從來沒有覺得，這些來自歐洲的精神資源，曾與我心中的老子、孔子、屈原、司馬遷產生過劇烈衝突。

既然一個小小的心靈都能融匯那麼多不同的文明成果而毫無怨隙，那麼，大大的世界又會如何呢？

確實，我一直認為，當我們在討論世界不同文明之間的關係的時候，真不如把自己的內心貯備，當作一個參照範本。

但是，我看到的更多的文化人卻走了相反的路。我可以用一個真實的案例，來說明他們的基本行為方式。

例如，上海這座移民城市的一個社區，一百年來聚居著來自北方、來自南方和本地原住這三撥居民，早已互相通婚，相融相依，難分彼此。一天，忽然來了幾個文化人，調查三撥居民百年來的恩怨情仇。他們問：偷盜事件以哪一撥為多？群毆事件以哪一撥為多？又發生過多少次跨族群仇殺？折騰過多少次法庭訴訟？這一切，與三撥人的地域傳統有什麼關係？這三撥人的後代，在今天的處世狀況如何？……這樣的調查，經過一個月，擬成了初稿印發，結果，這個社區對立橫起、衝突復萌，再也無法友愛和平了。

難道，文化人為了「學術研究」和「社會調查」，就應該起這樣的作用？

擴大了看，我覺得「文明衝突論」和其他許多類似的理論，也或多或少進入了這樣的模式，必須引起警覺。

文化和文明，不管在任何情況下都應該從它們的「研究需要」回到人文道德的倫理本體，不要因手段而使目的異化。二十一世紀，隨著傳媒和網路技術的突飛猛進，那種以「文化」的名義造成惡果的可能性，比過去任何時代都大大增加。

六

二〇〇五年四月十五日，我應邀在哈佛大學演講。演講結束後，又兩度與該校二十幾位教授長時間座談，話題頻頻涉及「文明衝突論」。春夜別墅林苑的溫煦話語，令人難忘。聽教授們說，那些天杭廷頓先生不在波士頓，否則他們就把他也請來了。我倒是很想與他當面切磋一番。

二〇〇八年夏天，在中美兩國很多學術界朋友的策劃下，準備在美國舉辦一個論壇，邀請杭廷頓先生與我對談，時間定在二〇〇九年春天。但遺憾的是，杭廷頓先生卻在二〇〇八年十二月廿八日去世了。一代學人，語勢滔滔，竟戛然中斷，溘然離去，實在令人不捨。

從他最後兩年發表的文章看，他已經知道國際間有人批評「文明衝突論」誘發了衝突，他為此感到委屈，進行了自辯。

我願意相信，這位學者並不存在點燃和擴大衝突的動機。但遺憾的是，一切理論的初始動機和實際效果並不一致，而更應該重視的卻是後者。

杭廷頓先生表現出來的問題，是很多西方學者的習慣性思維。因此，即便在逝世之後，我們也不妨再探討幾句。

一種出於西方本位論的自以為是，使「文明衝突論」在論述其他文明時只停留在外部掃描，而沒有體察它們的各自立場，以及它們實際遇到的痛癢。例如，杭廷頓先生把儒家文化看成是二十一世紀「核心中的核心」的三大文化之一，說了不少話，並把亞洲「四小龍」的經濟發展往事也與之相連。但是，他對儒家文化的瞭解實在是太少、太淺、太表面了，說來說去，基本上是「行外話」。因此，立論於一九九四年的他，並沒有預見到中國經濟的快速崛起。而在同樣的時間，曾任美國威斯康辛大學經濟研究所所長的高希均教授，由於他自身的文化背景，卻準確地作了這種預見。

根據杭廷頓先生和很多西方學者的立場，其他文明即使獲得了不小的經濟發展，在「精神價值」和「制度文化」上也應該皈附於西方文明。如果不皈附，他們就無法進行闡述，因此在他們的內心認知上就是「麻煩」，衝突在所難免。

由此可見，「文明衝突論」表面上氣魄雄偉，實際上仍是西方本位論面對新世界的一種新表述。因此，事情不能推到杭廷頓先生一個人身上。

可以肯定，文明與文明之間的課題，將會在二十一世紀被反覆討論。本來，我是準備在與杭廷頓先生對談時向他提供一些有關中國文化的素材的。例如，就「文化」中處於重要地位的「制度文化」而論，西方建立於近三百年間，而中華文明卻已實際延續了四千多年而未曾中斷；這四千多年，中華文明成就可觀，且基本上沒有與其他文明發生過嚴重衝突。

這個素材與衝突有關，應該會引起他的重視。

歷史將證明，今天發布的這個報告，和聯合國長期以來在文化上所做的種種努力一樣，是人類理性和智慧的當代展現。它雖然顯得低調，卻非常重要。我們這代人的使命之一，就是讓這種重要，真正成為重要。

身上的文化

二十年前，在上海一輛擁擠的公共汽車上，一個工作人員開始查票。查票很安靜，工作人員只對乘客點一下頭，乘客看一眼他的胸牌，便從口袋裡取出票來。工作人員立即用紅鉛筆在票上劃一下，便把臉轉向另一位乘客。整個過程，幾乎沒有一點聲響。

終於，有一位中年乘客拿不出票來。工作人員說：「逃票要罰款。」

「逃票？」中年乘客激動起來。因為一個「逃」字，完全排除了遺忘的可能，聽起來很刺耳。他看了一眼周圍人的臉，發現大家都有點幸災樂禍。乘公共汽車太枯燥，人人都期待著發生一點與自己無關的事，解解悶。

中年乘客這一看就更惱怒了。他拿不出票，卻要快速找到不是「逃票」的理由，而且不僅僅要說服工作人員，還要說服周圍所有的人。他憋紅了臉，慌忙從上衣口袋裡取出一張名片塞給工作人員，說：「你看我管著多少人，還要逃票？」

他在摸名片的時候無意中碰到了放在同一口袋裡的一個銀行存摺。千不該萬不該，居然把這個存摺也塞到工作人員手裡，說：「你看看這個，我還用得著逃你的票嗎？」

當年的工作人員很有修養，既沒有看名片，也沒有看存摺，而是禮貌地把這兩件東西塞回到他手裡，說：「這與職位、金錢沒有關係。上車買票，是一種城市文化。」

「文化？」中年乘客受不了當眾被教育的情景，何況又扯上了文化。他不知怎麼回應，便說：「你還給我說文化？我兒子已經是碩士……」

這一下，整個車廂都笑了。大家也不清楚這兒怎麼冒出來了文化，只是在笑這位乘客說不過人家的時候，拉出兒子來做救兵。

二十年過去，社會變化翻天地覆。有趣的是，那次公共汽車上出現的最後一個概念——文化，已成為人們區分榮辱的第一防線。

一位企業家的最大榮耀，不是財報上公布的當年業績，而是無意中聽到員工的背後議論：「我們的董事長比較有文化。」

據調查，目前多數城市富裕家庭之間最大的較量，是孩子的文化程度。

據調查，目前多數退休官員晚年生活品質的差異指標，除了健康，就是文化，即有沒有戲劇、音樂、文學、書法方面的興趣相伴隨。

這兒所說的文化，都是個體文化，也就是每個人身上的文化。

過去，每個人身上的文化只有文化界裡邊才會關注，現在，中國社會的方方面面都關注了。這樣的情況，可能是宋代以來第一遭吧？因為明清兩代的朝廷不斷實行文化恐怖主義，文為禍源，避之唯恐不及；近代和現代，則以軍事和政治的交雜為主調，有限的那一點文化一直在蓬頭垢面地顛沛流離。其他難逃者看到幾副厚厚的眼鏡也許會投來幾分憐憫，卻怎麼也構不成嚮往。

但是，現在，當大家都在嚮往文化的時候，怎麼來處置落到自己身上的文化，也就變成了一個問題。

而且，這個問題變得愈來愈迫切，愈來愈重要。

近年來，先是學生們問我這個問題，後來，不同領域的一些重要人物也都來問了。其實我自己也在為這個問題苦惱、思考、觀察、比較。終於能作一些回答了，供大家參考。

我認為，一個人身上要擁有真正的文化，必須先「祛病」，再「進補」，這就體現為兩個「不再」，兩個「必要」——

不再扮演；

不再黏著；

必要貯存；

必要風範。

下分述之。

不再扮演

真正有了文化，就不會做再「扮演文化」。這個道理，一聽就明白。

這真像，真正的功夫高手不會一邊走路一邊表演拳腳。因此，我們或許可以憑著是否扮演，來猜測真假和深淺。

我想起了兩件小事。

很多年前，我還在任職的時候，曾經組織過上海人文學科著名教授的一次聚會，《英漢大辭典》主編、復旦大學外文系的陸谷孫教授也應邀前來。當時，訪華的美國總統剛剛聽了他講授古典英語的課程。很多教授看到他來了就紛紛圍上去，其中好幾個都對他說英語。但他，從頭至尾沒說一個英文單字。因為在他看來，那次聚會，從內容到人員，都沒有講英語的理由。而他，更沒有理由要表演英語。

還有一次，東北某地聘請我和當時還健在的汪曾祺先生擔任文化顧問。聘請儀式上的發言者也許考慮到我們兩人都寫散文，便美詞滔滔。汪曾祺先生顯然有點受不住了，便邊聽邊把那些話「翻譯」成平常口語，像一個語文老師在當場改錯。他的年齡，使他有資格這麼做。發言者說：「今天麗日高照，惠風和暢」，汪先生立即說：「請改成今天天氣不錯」；發言者說：「在場莘莘學子，一代俊彥」，汪先生立即說：「請改成在場學生們也挺好」；……

這就構成了一種幽默效果，現場氣氛一下子活躍起來。發言人不僅沒有生氣，而且以自嘲的口氣感謝汪先生，說：「您老人家已經在做文化顧問了。」

一聽就知道，汪曾祺先生和那位發言者，誰更有文化。那位可愛的發言者唯一的毛病，是在「扮演散文」。

因此，我一再告誡學生，擁有文化的第一證明，是不再扮演文化。

按照這個標準，我們可以省察四周了。

一個真正擁有文化的人，不會扮演「當代名士」。他不會寫著半通不通的民國文言，踱著不疾不徐的遺老方步，數著百年文壇的散落殘屑，翻著筆跡草率的誰家信箋，又矜持地抖一下寬袖。

他也不會扮演「歷史脊樑」。不會用嫉妒來冒充正義，用誹謗來展示勇敢，用瘋話來顯露風骨，順便再從電視劇中學一點憂鬱的眼神，慈祥的笑容。

他也不會扮演「文壇要人」。總是遲到，總是早退，總在抱怨，「部長又打來電話，近期有五個論壇……」，邊邊歎氣邊搖頭，像是實在受盡了折磨。

我曾從一個文藝刊物上抄錄過這樣一段論文：「Writing is a system of signs，一點不錯，巴爾特消解了索緒爾的符號理論，認為作品是單數，文本是複數，但那文本也是一種後設語言（metelanguage），傅柯則認為不必複現創造主體的榮耀，寧肯歸於薄暮時分的荒涼……」

很多朋友認為，這種論文太艱深，沒有考慮到廣大讀者。我則要以內行的身分判定，作者完全不懂自己所寫的任何一個概念，只是在「扮演艱深」，恰恰是考慮到了廣大讀者。

……

種種扮演，本該很累卻居然不累，原因是同道很多，互相觀摩。由於勢頭不小，觸目皆是，這倒也樹立了一個「反向路標」：避開它們，才有可能找到真文化。

當然，文化中也有正常的扮演，那就是在舞臺上。擅長於舞臺藝術的人最容易識破生活中的扮演，一看便笑，輕輕拍著對方的肩，說一句：「咳，別演了，劇本太老，又在台下。」

從事文化，從誠實開始。

不再黏著

文化的一大優勢，就是宏觀。從宏觀來看，世界一切都只是局部，都只是暫時。因此，文化的宏觀也就成了達觀。

過去農村裡的農民，只知埋頭種地，目光不出二、三個村莊。突然有一個遊子回來，略知天下，略懂古今，又會講話，從此村裡有事，有了他，大夥就能往大裡想。一想，心胸就寬，齟齬就少。這個人，就是村裡的「文化人」，或者說，是「身上有文化的人」。

從農村擴大到整個社會，道理一樣。文化，讓人知道更大的空間，更長的時間，因此不會再囿於鼻尖、作繭自縛。

我們經常會鬧的一個誤會，是把「專業」當作了「文化」。其實，「專業」以狹小立身，「文化」以廣闊為業，「專業」以界線自守，「文化」以交融為本，兩者有著不同的方向。當然，也有一些專業行為，突破了局限，靠近了文化。

遺憾的是，很多專業人士陷於一角一隅而拔身不出，還為此沾沾自喜。

我們經常會聽到這種嘲笑別人的聲音：「聽不懂古琴，也不知道昆曲，真是沒有文化！」

我不贊成這種嘲笑。文化的天地很大，如果把文化切割成小塊還以為是全部，黏著自己倒也罷了，還要強制性地去黏別人，恰恰是丟失了文化的浩蕩魂魄。

這種情況，在近年來的文物收藏熱潮中表現得尤其明顯。文物很容易被等同於文化，結果，「身外的文物」也就取代了「身上的文化」。其實，無論是中國還是外國，一切真正的文化巨匠都不熱中於文物收藏。即便偶有所得，也只是稍稍觀賞，便輕易過手，多不沉溺。算起來，只有一位文化巨匠的家屬是收藏家，那就是李清照的丈夫趙明誠。當然，李清照在丈夫死後為那些文物吃盡了苦頭。我們平日經常聽到的所謂「盛世收藏」，乃非真言，不可輕信，因為並無多少事實根據。當然，收藏能保存文化記憶，因此也有一些通達之士涉足其間，例如我的朋友曹興誠先生、馬未都先生、海岩先生都是，但與他們聊天，話題總是海闊天空。他們懂得，文物再好，也只是文化鷹隼偶爾留下的爪印，而鷹隼的生命在翅翼，在飛翔。

在諸多黏著中，黏著於專業、古琴和文物還算是最好的。最不好的黏著，是一些人以文化的名字自闢擂臺，自黏目標，尋釁滋事，長黏不放。這已經成了最常見的文化風景，不少朋友都曾遭遇。

面對這種遭遇，文化人的最佳選擇是不計成本地脫離黏著，哪怕是肌膚受傷，名譽蒙塵，也要脫離。

擺脫黏著，不管是正面的黏著還是負面的黏著，都是人生的一大解放。這一點我要感謝偉大的佛陀，他關於破除一切執著而涅槃的教言，幫助人們在文化的天域中獲得了真正的大自在。

對此，請允許我講幾句私人的切身感受。

以我的經驗，不黏著於官位是容易的，不黏著於他人的誹謗也不難。但是，當大家發現我還在進一步擺脫黏著，親手把自己創建的文化專業擱置，把已經取得的文化成就放棄，就不能不驚詫了。

我記得，當時連一些非常抬舉我的文化長輩也深感奇怪。本來，由於國內一批著名文史權威的強力推薦，我連副教授都沒有做過一天，破格升任全國最年輕的文科正教授。但他們很快發現，我轉眼就不再黏著於他們對我的高度評價，獨自一人開始了廢墟考察，而且範圍漫無邊際，完全不可歸類。連山西商人、清代流放、民間儺儀都成了我實地研究的物件，他們對我產生了陌生感。而我，則因擺脫了一種高雅的黏著而無比興奮。

現在，海內外的讀者都能證明，我在「脫黏」後的成果，遠超以前。

黏著，使人有所依靠，但這種依靠也是一種限制。一旦擺脫，就會發現，我們有可能以「陌生化」、「間離化」的視角看得更深、更廣、更遠，甚至產生專業之外的洞見和預見。

那就不妨再舉兩個私人例子。

我並不具備財經專業背景，卻早在十多年前考察歐洲的時候就判定西班牙、希臘、愛爾蘭、葡萄牙四國會是「貧困國家」，每年必須接受歐盟的援助（見《行者無疆》初版第二百八十九頁）；其中，又判定希臘社會已經「走向了疲憊、慵懶和木然，很容易造成精神上的貧血和失重，結果被現代文明所遺落」。（見《千年一歎》舊版第二十七頁）；而且，我還判定歐洲很多富裕國家「社會福利的實際費用是一個難以控制的無底洞，直接導致赤字增大和通貨膨脹」（見《行者無疆》初版第三百二十六頁）。

好幾位財經專家問我，為什麼能在十年前就得出如此準確的預見？我說，原因就在於我不是財經專家，不會黏著於那麼多資料、報表、曲線，只能從整體上粗粗地觀察這些國家的支柱產業、社會生活和精神狀態，反而對了。

記得就在準確地預測了歐洲經濟之後，我還以非專業的外行目光，對自己身邊的一家老式百貨商店進行了預測。當時，在各種新興「超市」的包圍下，上海街市間的這種老式百貨商店早已奄奄一息，即使「轉制」也無人看好。而事實上，全上海同類商店這麼多年下來的存活比例，確實也微乎其微。但我，卻早早地發現了這家商店一位能幹的年輕經理，覺得他就是前途，便進行了投資。現在證明我的這個預測又對了，有的財經評論員有點嫉妒。我說，很抱歉，你們這些財經評論員太黏著於專業了，看不到活生生的人，因此只能作「事後預測」。

有很多「策劃專家」喜歡給每個地區、每個行業、每個單位、每個人「定位」，但這只是一時之需。文化的使命之一，恰恰是給「定位」太死的社會帶來自由活力，讓每個人的綜合天性充分發揮。

說到這裡，也許可以作一個小結了：只要擺脫黏著，擺脫定位，擺脫局限，讓文化回到宏觀的本性，我們就能天馬行空。

必要貯存

前面所說的不再扮演，不再黏著，是做減法。緊接著，我要做一點加法了。

一個真正擁有文化的人，為什麼可以不扮演、不黏著？是因為「有恃無恐」。那麼，他「恃」的是什麼呢？

是胸中的貯存。

文化多元，貯存可以各不相同。但是，文化作為一種廣泛交流、對話、溝通的紐帶，不可以沒有共同基礎。這種共同基礎，也就是文化人的「必要貯存」。

說「必要貯存」，當然是針對著「非必要貯存」。平心而論，多數人身上文化貯存，實在是太雜、太亂、太多了。

要想做一個受人尊敬的文化人，那麼，他的「必要貯存」也應該受到時間和空間的普遍尊敬。也就是說，這些「必要貯存」已被漫長的歷史接受，也被龐大的人群接受。因此，量不會太多，大家都應知道。

對此，我想稍稍說得實在一點。

我覺得一個人身上的文化，最好從自己的母語文化出發。對此，中國人的理由更充分，因為中華文化是人類諸多古文化中獨獨沒有中斷和湮滅的唯一者。我們身上的「必要貯存」中如果不是以中華文化打底，連外人看來也會覺得十分奇怪。

中華文化歷時長，典籍多，容易挑花眼。我很想隨手寫出一個簡單目錄出來作為例證，說明對於非研究人員而言，至少應該瀏覽和記誦一些必要的文本。例如——

《詩經》七、八篇，〈關雎〉、〈桃夭〉、〈靜女〉、〈氓〉、〈黍離〉、〈七月〉等等。

《論語》，應該多讀一點。如要精讀，可選〈學而〉、〈為政〉、〈里仁〉、〈雍也〉、〈述而〉、〈衛靈公〉等篇中的關鍵段落，最好能背誦。

《老子》，即《道德經》，總共才五千多字，不妨藉著現代譯注通讀一遍，然後劃出重要句子，記住。

《孟子》，可選讀〈梁惠王上〉、〈盡心上〉等篇。

《莊子》，讀〈逍遙遊〉、〈齊物論〉、〈大宗師〉、〈至樂〉等篇。

〈離騷〉，對照著今譯，至少通讀兩遍。

《禮記》，讀其中的〈禮運〉即可。「大道之行也，天下為公」那一段，要背誦。

《史記》，應讀名篇甚多，如〈項羽本紀〉、〈遊俠列傳〉、〈屈原賈生列傳〉、〈刺客列傳〉、〈李將軍列傳〉、〈魏公子列傳〉、〈淮陰侯列傳〉、〈貨殖列傳〉等篇，包括〈太史公自序〉。在《史記》之外，那篇〈報任安書〉也要讀。司馬遷是中國首席歷史學家，又是中國敘事文學第一巨匠，讀他的書，兼得歷史、文學、人格，不嫌其多。

曹操詩，讀〈短歌行〉、〈龜雖壽〉、〈觀滄海〉。

陶淵明詩文，誦讀〈歸去來兮辭〉、〈歸田園居〉、〈飲酒〉、〈讀山海經〉、〈桃花源記〉、〈五柳先生傳〉。

唐詩，乃是中國人之為中國人的第一文化標誌，因此一般人至少應該熟讀五十首，背誦二十首。按重要排序為：第一等級李白、杜甫，第二等級王維、白居易，第三等級李商隱、杜牧，第四等級王之渙、劉禹錫、王昌齡、孟浩然。這四個等級的唐詩，具體篇目難以細列，可在各種選本中自行尋找，也是一種樂趣。

李煜，一個失敗的政治人物，卻是文學大家。可讀〈浪淘沙〉、〈虞美人〉。

宋詞，是繼唐詩之後中國人的另一文化標誌，也應多讀能誦。按重要排序為：蘇東坡、辛棄疾、李清照。三人最重要的那幾首詞，應琅琅上口。陸游的詩，為宋詩第一，不輸唐詩，也應選讀；

明清小說，真正的頂峰傑作只有一部，是《紅樓夢》，必讀。第二等級為《西遊記》、《水滸傳》。第三等級為《三國演義》、《儒林外史》、《聊齋誌異》。

為什麼選這些文本？這與中國文脈的消長榮衰有關，是一個非常複雜的學術課題，可以參見我的著作《中國文脈》，以及我為北大學生講授中國文化史的紀錄《中華文化——從北大到台大》一書。

除了閱讀，「必要貯存」中也應該涉獵一些最有代表性的中國藝術，例如以敦煌、雲岡、龍門、麥積山為代表的石窟藝術，以〈石鼓文〉、〈蘭亭序〉、〈祭侄稿〉、〈寒食帖〉為代表的書法藝術，以張擇端、范寬、黃公望、石濤為代表的繪畫藝術，以關漢卿、王實甫、湯顯祖、孔尚任為代表的戲曲藝術。涉獵的結果，要對它們不感陌生，又有自己的特別喜愛。

對於國際間的文化，怎麼才能構成「必要貯存」呢？

那麼多國家，範圍實在太大。我建議，先把哲學、人文科學放一邊，只記住文學藝術方面的一些名人經典。例如，美術上的達文西、米開朗基羅、拉斐爾、林布蘭、羅丹，文學上的莎士比亞、歌德、塞萬提斯、雨果、托爾斯泰，音樂上的貝多芬、巴哈、莫札特、史特勞斯、蕭邦。基本是十九世紀之前的，現代太多，須自行選擇。

對於國際間這些名人的作品，不必制定研習計畫，可以用瀟灑的態度隨機接受，只要知道等級就行。

不管是中國的，還是外國的，「必要貯存」遲早要完成。而且，最後是以欣賞來完成貯存的，使它們漸漸成為自己生命的一部分。

這是真正「身上的文化」，比任何最高學歷的疊加，還要珍貴。

必要風範

既有貯存，即非扮演。明乎此，我們就不妨讓身上的文化很自然地顯現出來，不必隱蔽，不必遮蓋。

今天的社會，太少斯文之氣，太少文化魅力。因此，適度地自然顯現，為人們提供一種「必要風範」，倒是功德無量。

那麼，這種出自文化的「必要風範」，大概包括哪些特徵呢？

我概括為四點：書卷氣，長者風，裁斷力，慈愛相。容一一道來。

一、書卷氣

身上的文化，首先顯現為書卷氣。

書卷氣已經不是書卷本身，而是被書卷薰陶出來的一種氣質。大致表現為：衣貌整潔，聲音溫厚，用語乾淨，邏輯清晰。偶爾在合適的時機引用文化知識和名人名言，反倒是匆匆帶過，就像是自家門口的小溪，自然流出。若是引用古語，必須大體能懂，再作一些解釋，絕不以硬塊示人，以學問炫人。

書卷氣容易被誤置為中國古代的冬烘氣、塾師氣、文牘氣，必須高度警惕，予以防範。目前在一些「偽文化圈」中開始復活的「近代文言」、「民國文言」絕不可用，因為那是一種很低級的「孔乙己腔調」。古文，盛於漢唐，止於明末；現代，美文盡在白話，而且是一種洗去了駢儷汙漬的質樸白話。近代的落第秀才、帳房先生學不會，才有那種不倫不類的文言，恰恰與「書卷氣」背道而馳。

此外，現代的書卷氣沒有國界，不分行業，表現為一種來回穿插、往返參照的思維自由。自由度愈高，參照系愈多，書卷氣也就愈濃。

書卷氣一濃，也可能失去自己。因此，要在「必要貯存」中尋找自己的最愛，不諱避偏好。對於自己的語言習慣，也不妨構建幾個常用的典雅組合，讓別人能在書卷氣中識別你的存在。

二、長者風

這裡所說的「長者」，不是指年齡，而是指風範。由於文化給了我們古今中外，給了我們大哲大美，給了我們極老極新，因此我們遠比年齡成熟。身上的文化使我們的軀體變大，大得兼容並包、寬厚體諒，這便是長者風。

對一般民眾而言，與一個有文化的人談話，就是在觸摸超越周圍的時間和空間，觸摸超越自己的歷練和智慧，因此覺得可以依靠，可以信賴。這就給予文化人一種責任，那就是充分地提升可以被依賴、被信賴的感覺，不要讓人失望。

長者風的最大特點，就是善於傾聽。這就像在家裡，孩子遇事回家，對長者的要求，九成是傾聽，一成是幫助。甚至，根本不要幫助，只要傾聽。傾聽時的眼神和表情，就是訴說者最大的期待。

長者風容易落入一個陷阱，那就是濫施憐惜、即刻表態。一旦這樣，你就成了訴說者的小兄弟，而不再是長者。長者當然也充滿同情，卻又受到理性的控制，絕不把事情推向一角。長者風的本質，是在傾聽之後慢慢尋找解決問題的恰當之道、合適之道，其實也就是中庸之道。

因此，長者風讓人寬慰，讓人舒心，讓人開懷。除非，遇到了真正的善惡之分、是非之辨。

那就需要緊接著講第三個特徵了。

三、裁斷力

愈是溫和的長者，愈有可能拍案而起。這是因為，文化雖然寬容，卻也有嚴肅的邊際，那就是必須與邪惡劃清界線。歷來政治、經濟、軍事等等行為，都會以利益而轉移，但文化不會。文化的立場，應該最穩定、最恆久，因此也最敏銳、最堅守。

對於大是大非，文化有分辨能力。它可以從層層疊疊、遠遠近近的佐證中，判斷最複雜的交錯，尋找最隱蔽的暗線。它又能解析事情的根源、成因和背景，然後得出完整的結論。因此，一個身上有文化的人，除了保持寬厚的長者風，還須展現果敢的裁斷力，讓人眼睛一亮，身心一震。

裁斷力是全社會的「公平秤」，它的刻度、秤砣和砝碼，全都來自文化。文化再無用，也能把萬物衡量。

文化裁斷力的表現方式，與法院的裁斷並不相同。它沒有那種排場，那種儀式，那種權威，那種語言。有時，甚至沒有任何語言，只是沉默，只是搖頭。它可以快速分辨出什麼是謊言，然後背過臉去；它也可以頃刻便知道什麼是誹謗，然後以明確的態度表示拒絕。

文化裁斷力的最高表現，是在謠諑成勢、眾口起哄、鋪天蓋地的時候，不怕成為「獨醒者」。身上的文化在這種情況下總會變成一系列懷疑，提出一項項質詢。同樣，對於如日中天、眾聲歡呼的人和事，也會後退三步，投之以尋常觀察，仍然以「獨醒者」的冷靜，尋出最隱晦的曲巷暗道，最細微的拼接印痕。

於是，在熙熙攘攘的人群中，即便是一個人身上的文化，也成了一支「定海神針」。這種風範，讓人難忘。

四、慈愛相

慈愛相，是文化的終極之相。所有的風範，皆以此為軸。

多年來，我對文化人的判斷形成了一個基本標準：不看他寫了什麼，說了什麼，只看每次民族大難、自然災害發生時，他在哪裡，表情如何。遺憾的是，很多「意見領袖」都會在那個時候整體隱遁。當然，也有另一些人意外地站了出來，滿眼都是由衷的善良。

我的好友陳逸飛從來不找我做什麼事，卻在SARS疫情肆虐期間突然找到我，破天荒地約我和他一起在最短的時間內做一個宣傳短片，安撫人心。我看著這位國際大畫家滿頭大汗的著急樣子，剎時感動。

我的一名學生，並不熟悉，在汶川大地震後的一個民眾捐款站，一身黑衣，向每一位捐款者深深一鞠躬。多數捐款者其實並沒有發現她，但她還是不停地鞠躬。我看到後心裡一動，默默稱讚一聲，真是一個懂文化的好孩子。

我當時也到廢墟間，含淚勸慰遇難學生的家長，並為倖存的學生捐建了三個圖書館。但由於所有的圖書需要由我親自挑選，時間有點慢，就受到一些奇怪文人的攻擊。這時，一批著名的文化大家立即從四面八方向我伸出援手，寄來了為三個圖書館的熱情題詞。我當時覺得奇怪，他們也不知道事實真相啊，怎麼就能作出判斷？但我很快明白了：野熊隔得再遠，也能聞到自己同類的氣息。

大愛無須爭，大慈無須辯，但一旦出現，哪怕是閃爍朦朧、隨風明滅，也能立即在最遠的地方獲得感應，這就是文化橫貫於天南地北之間的終極儀式。

古人說，「腹有詩書氣自華」。這裡所說的「氣」和「華」，沒有具體內容，卻能讓大家發現。可見，它們與眾人相關，真所謂「無緣大慈，同體大悲」。文化，就是要讓這種終極性的慈愛生命化、人格化，變成風範。

現今的中國文化，作品如潮，風範還少。因此，構成了殷切的企盼。

在我看來，中華文化的復興，不在於出了幾部名作，得了幾個大獎，而在於由「身外」返回「身上」，看人格，看風範。

（根據在香港學者協會、香港教育局、北京清華大學的演講錄音，綜合整理。）

向市長建言

一

二十年前，我作為首度到臺灣發表演講的大陸學者，在那裡講了三場，都在臺北。一場是講東方美學精神，一場是講大陸現存的儺文化，一場是講明代的昆劇藝術。臺灣聽眾首度面對大陸學者，非常好奇，因此來聽的人很多。

第二次去，是巡迴演講了，去了好幾個城市，時間是一九九六年十二月至一九九七年一月。爾雅出版社的那本《余秋雨臺灣演講》收錄了當時根據錄音整理的演講稿。

又過了五年，我應著名經濟學家高希均教授之邀，又一次到臺灣各城市間作巡迴演講。可能是因為我的書在臺灣很暢銷，每一場的熱鬧程度都超乎預期。在臺北的那一場由當時擔任市長的馬英九先生主持，現場聽眾有兩千多人，會場門口的人群還發生了一點混亂，把兩個保安擠倒在地，連牙齒都磕掉了。臺北市的組織者非常有心，特意憑著一張老照片，把我五年前演講時的那張講臺從一個舊倉庫裡找了出來，放在早已全新的禮堂主席臺上，讓我覺得是在繼續昨天的話語。

九天後巡迴到了台中，那是二〇〇五年二月二十四日，演講的地點是中興大學禮堂。進去就嚇了一跳，居然已經擠滿了三千多位觀眾，報導說是四千多。那個禮堂也真大，烏烏洋洋一大片。主持者胡志強市長很會講話，根據《傾聽秋雨》一書中的記錄，他開頭就說：

我要誠心誠意地謝謝天下遠見出版公司的社長高希均教授。我差點扭斷他的手臂，他原來說余教授很忙，不一定能來台中演講。我威脅他說，如果余教授真的不來，以後你就不能到台中來，我不會給你簽證。

最後終於成功了，而且來聽的人這麼多。我走到這個禮堂的門口時，心裡非常高興。就是維也納交響樂團來，也沒有看到這麼多熱心的人來參加。我要請大家給自己一個掌聲。

（見《傾聽秋雨》第九十一頁）

掌聲過後，他又講了一句話，引起一片笑聲。但是，《傾聽秋雨》這本書裡並沒有留下那句話，是胡市長自己刪掉的嗎？可能。他那句話是這樣說的：

> 所以，比較城市的魅力，不應該比較市長頭髮的多少，而應該比較余教授演講時聽眾的多少。

胡市長自嘲頭髮稀疏，比不上馬英九市長頭髮茂密；但他又知道，今天台中的聽眾數量，比臺北多。因此，就玩了這個幽默。

巧的是，那天我演講的題目正好也是《城市的魅力》。

這個題目一定是高希均教授出的。高教授為什麼覺得我能夠講這個題目？我估計只有一個理由：他知道我仔細考察過從北非、中東到西亞、南亞很多古老城市的興衰，又認真對比過歐洲的九十六座城市。

其實高教授不知道，我平時在大陸演講較多的題目之一，也正是城市文化問題。我所主持的「博士後流動站」也有一個中心課題：城市美學。

就像《傾聽秋雨》沒有保留胡市長那句幽默的話一樣，那本書中所收的〈城市的魅力〉演講稿也顯得太理論、太正經、太刻板了。當時的實際演講，應該更加生動、感性一些。但也有限，因為一講到城市文化建設上的「常見病」、「多發病」，我就擔心會不會讓在場的幾千聽眾誤會成是針對台中市的，讓胡志強市長當面尷尬。所以，我一講到比較尖銳的內容，先要瞟一眼坐在第一排的笑瞇瞇的胡市長，然後把話咽掉一半，甚至全部咽掉。

由此知道，今後不管在什麼地方，都千萬不要當著市長的面向市民演講城市文化。尤其對那些很聰明、會自嘲的市長，更應小心。因為自嘲出於高度自尊，我們豈能借別人的懂事，而自己不懂事？

但是，我真想在市民不在現場的情況下，向市長們提供一點建言。市民只要不是「面對面」，聽到了也不要緊，不會產生當場誤會。

我對市長們的建言，主要出自於對近三十年中國大陸城市化運動的觀察。歐洲、美洲、亞洲那些城市的建設經驗是我的參考坐標，但也僅止於參考而已。因為中國大陸這次城市化運動所牽涉的城市數量、人口總量、歷史深度、環保難度，在世界上都是空前的，沒有現成的範例可以全方位依憑。

市長總是很忙，沒時間聽太多學術話語。因此我會選用最通俗的語言，一聽就明白。

二

很多市長把城市的魅力寄託於城市文化，這沒有錯，但一講文化，腦子就亂了。我發現，不少市長都把城市文化建設集中在常規的幾個方面，例如——

發掘本地古人；

重建文化遺蹟；

大話地方特色。

圍繞著這幾個方面，還會經常地舉辦這個節、那個節、研討會、演唱會等等，以擴大影響。

這些事，本來做做也很好，但由於政府權力主導，行政系統調動，容易失去分寸。時間一長，上上下下都誤以為這就是城市文化的全部了。因此，我不能不逐條潑一點冷水，請市長們包涵。

先講第一方面，**發掘本地古人**。

中國歷史長，人口多，要把各地有點名堂的人物印成名冊，一定是汗牛充棟。一個城市應該留下歷史檔案，但是如果亂加張揚，反而會降低城市文化的品格。

歷史的最大生命力，就在於大浪淘沙。不淘汰，歷史的河道就會淤塞，造成災害。淤塞的沙土碎石、殘枝敗葉，並非一開始就是垃圾，說不定在上游還是美麗的林木呢。但是，一旦在浩蕩水流中飄浮了那麼久，浸泡了那麼久，一切已經變味。市長，你願意在自己任內，造成江河的淤塞嗎？

過去的，就讓它過去吧，這才是歷史的達觀。即使按照思想比較保守的孔子的說法，也叫「逝者如斯夫」，他同樣以江流比喻歷史。

我曾經到過亞洲一些古老國家的古老城市，滿街都是古人雕像，但社會疲衰、城市破敗、處處骯髒，成了對這些古人最直接的譏諷。現在我們這兒經濟發展不錯，但很多城市拿出來的古人，比那些國家的那些雕像還不如。例如，一個市長開口就說，我們城市一共出過近百名進士，十幾名朝臣。其實，這根本不值一提。

我寫過一篇文章，題目就叫〈十萬進士〉，標明了中國古代進士的數量。說起來，那個城市也算有點名氣，怎麼只考出了近百名，僅占全國的千分之一？少不要緊，如果還把少當作多，那就好玩了。再說，進士又是什麼？公務員考試的錄取者而已。即使是狀元，也同樣也是公務員考試的錄取者，只不過所寫答卷更討巧一點罷了，其實一句也拿不出來。

當然，各地歷史上也會出一些真正的文化巨匠值得永遠紀念。但是，文化巨匠的本質是跨越時空，因此即便是家鄉也不能過度「挾持」，使他們變小。更不要相信「人傑地靈」的說法，斷言某地出過一個名人今後也必然天才輩出。唐代最大的詩人李白究竟出生在哪裡？好幾個地方都在搶，以為搶到了就獲得了「詩的基因」。其實，李白出生在吉爾吉斯的托克馬克城，毗鄰哈薩克。我不知道這兩個中亞國家，後來有沒有再出生過這樣的詩人？其實，「詩的基因」在李白的兒子伯禽身上已經找不到了，伯禽的兩個女兒都嫁給了普通農夫，很快就不知蹤影。李白是大家的，是中國的，甚至是世界的，把他釘在一個小地方，那就反而對不起文化了。

這些年我發現，一些近現代文化人的名字也漸漸成了不少城市的標牌，甚至在高速公路上都標出他們的故居所在，這實在有點不應該，我要勸說交通部門予以清理。因為任何文化人都沒有理由侵淩山河大地，騷擾民眾出行的視線。更何況，中國近現代，一直兵荒馬亂，文化成果寥落。這些年只是由於一批傳媒講述者誤占了文化話語權，才輕重顛倒，笑話連連。市長萬不可受制於這種「輿論」，把文化「高速公路」的「路標」都指岔了。

再講第二方面，是上面這個問題的直接延伸，叫做**重建文化遺蹟**。

重大文化遺蹟需要保護，對於這一點，目前中國國內已經沒有爭議。有爭議的，是「重建」。那些活遺產，如工藝、戲曲，「重建」是可能的；但如果是一個遺址，一項古蹟，一處廢墟，「重建」就要萬分謹慎。哪怕是修復，也要小心翼翼。有關古蹟保護的《佛羅倫斯憲章》第九章規定：

修復過程是一個高度專業性的工作，其目的旨在保存和展示古蹟的美學與歷史價值，並以尊重原始材料和確鑿文獻為依據。一旦出現臆測，必須立即停止。

最後這句話，「一旦出現臆測，必須立即停止」，非常重要。

可惜的是，我見到的古蹟修復中，臆測太多，完全沒有停止的意思。更可惜的是，這樣的事情，往往是市長的主意。

二十世紀最後一年我曾冒險去伊拉克考察巴比倫文化，在那裡看到大量臆測性的「古蹟」。當時立即就產生懷疑：他們對千年古蹟尚且敢於如此作假，那麼，對於自己宣稱的軍事力量恐怕也是不可信的吧？後來的事實證明，果然。

一個城市沒有像樣的古蹟，一點兒也不丟人。如果這個城市的市民因此而喜歡外出旅遊，把全世界的古蹟當作自己的財富，那就是把弱項變成了強項。隨之，局部文化變成了宏觀文化，固守文化變成了歷險文化，身外文化變成了人格文化。這，不是更好嗎？深圳沒有高山，但在世界各大高峰的登山者中，深圳市民領先全國其他城市，這便是一個範例。

不少市長著急地「重建」或「修復」古蹟，是為了推動旅遊。但是，我曾當面詢問過幾位市長，如果有機會私人渡假，你們會帶著父母妻兒，專為某幾個古蹟到哪個城市住幾天嗎？為了一間清代書屋？為了一處東晉墓葬？市長們都搖頭。於是我便追一句：既然市長自己也不會去，為什麼會設想別人會來？

不錯，世界上一些規模驚人的古蹟會推動旅遊，如萬里長城、金字塔，但這是「重建」不出來的。目前世界上旅遊最火爆的熱點還是法國的地中海沿岸，我去過多次，沒找到一處古蹟。其實也有，被故意「忽略」了，好讓各國並非歷史專業和考古專業的普通旅遊者能夠盡心盡意地享受海風、碧波、白帆、美食。有人指責那裡「沒文化」嗎？至今沒有聽到。

如果重要的文化遺蹟正巧落到了哪位市長手上，又具備了修復的可能，那就要懷著虔誠之心隆重進行。從我的無數遊歷中，發覺在中國，這方面做得比較成功的有大同的雲岡石窟，西安的大明宮遺址，安陽的殷墟和成都的金沙遺址。

第三方面，**大話地方特色**。

大家都反對「百城一面」，當然就會企盼「地方特色」。

但遺憾的是，很多「地方特色」讓人厭煩。因此，「百城一面」就更嚴重了。

市長們知道問題出在哪裡嗎？

仔細研究就可發現，很多地方，是把貧困時期的生態弊病，當作了「地方特色」。

這一點，前些年最典型地體現在飲食文化上。例如，很多地方均自稱「我們這兒的特色是口味重」，其實就是投鹽嚴重超量，其鹹無比。這是貧困的遺留、前輩的苦難，過去任何地方都是如此，現在早已證明損害健康，根本不應該作為「地方特色」繼續保持。這一點，近年有較大改變。但其中包含的道理，卻沒有過去。

與此相關，很多地方把村寨歌舞和老人手藝當作文化主幹，推介過度。其實，外來旅遊者的掌聲，主要出自禮貌。如果半強制性地讓他們接受幾小時這類表演，實在有點勉為其難。

「接受美學」告訴我們，一切美，在很大程度上都由接受環境和接受方式決定。那些在交通不便、時間停滯、資訊全無的時代的審美方式，生硬地搬到今天，就會處處讓人感到虛假和不耐煩。更何況，市長心裡也知道，眼前很多「地方特色」，帶有很大的遊戲性質，不能過於認真。那兩個被稱之為「千年傳統活化石」的老人，並不是來自唐代，而是在一九四九年新中國成立時剛剛出生，一直過著與同齡人一模一樣的生活，前兩年才留的鬍子；那個被稱之為「國粹泰斗」的女士，在「文革」中還是一名活躍的「紅衛兵」，後來才學了一點戲。傳媒因無聊、無知而亂加頭銜，市長最好不要跟著說。

至於「大話地方特色」中的「大話」兩字，更要略加收斂。很多地方的自我宣傳話語，已經大得沒邊了。例如，「中國第一風情鎮」、「亞洲首選垂釣岸」、「千古論道第一山」、「北方最佳餃子城」、「全球大棗集散地」……

據說很多市長還在召集文人設計更麻辣的宣傳詞，其實用不著了，因為大詞已經被用完。西安的朋友說，沒有西安就沒有中國最偉大的朝代，一聽稍有遲疑；武漢的朋友說，沒有武漢就沒有中國近代，一聽略略皺眉；安徽的朋友說，沒有安徽就沒有北京，也沒有京劇，也沒有五四運動，也沒有執政黨，這一聽就沒有表情了；湖南的朋友口氣更大一點，說長江、黃河，其實都只是湘江餘波；河南的朋友輕輕一笑，問：黃帝的籍貫在哪裡？夏、商、周的首都在哪裡？中國的祖源在哪裡？小一點的城市也不甘示弱，例如浙江的紹興謙虛地說，我們沒做過首都，也沒做過省會，但從大禹陵、王羲之，到陸游、秋瑾、魯迅，歷來很難出第二流的人物……。這樣的例子可以一直舉下去。

在這種「大話」系統裡，又有不少市長在忙著寫市歌、編市訓。但我不禁要問，市歌編成了，讓誰唱？外地人自然不會唱，那本市人又在什麼時候、什麼場合唱？到頭來又有幾個人會唱？市訓如果也編成了，一般總是八個字或十六個字吧，到底會與其他城市有多少差別？為了顯擺特殊，反而嚴重雷同，這是不是浪費得有點滑稽？

我想，堂堂市長，盡量不要去參與這種文字玩鬧。魯迅說過，為自己的地盤打造什麼「十景」之類，是最無聊的文人們幹的。實在沒景了，也能湊出「荒路明月」、「小村老井」之類，聽起來還很有詩意。我也無聊過，記得二十幾年前擔任上海戲劇學院院長，特別喜歡把學院簡稱為「上戲」，因為我們的對手中央戲劇學院的簡稱是「中戲」。一「上」一「中」，聽著痛快。我還期待廈門也辦一個戲劇學院，那就「上、中、下」系列齊全了。現在一想，當年怎麼會如此孩子氣？但說起來，二十幾年前就是高校校長，我的官場資歷一定高於今天的市長們，因此有資格勸說你們，不要在文字上玩得過分。

三

潑過了冷水，就該提一些正面建議了。

大家都會做的事情不必再提建議。例如，我相信各位市長對於城市文化建設中的「完善文化設施」、「舉辦文化活動」、「尊重文化人才」等等方面都會做得很好。但是，還有兩個環節有一定難度，容易缺漏，我要特別提醒。

這兩個環節，一是公共審美，二是集體禮儀。下面分別說一說。

公共審美

城市文化的哲學本質，是一種密集空間裡的心理共享。

城市的密集空間，在政治上促成了市民民主，在經濟上促成了都市金融，而在文化上，則促成了公共審美。

歐洲的文化復興，並沒有出現什麼思想家、哲學家，而只是幾位公共藝術家，如達文西、米開朗基羅、拉斐爾等人在城市的公共空間進行創作，造就了可以進行集體評判的廣大市民，從而使城市走向文化自覺。

保護重大古蹟，其實也在建立一種公共審美，使眾多市民找到與古人「隔時共居」、與今人「同時共居」的時間造型和歷史造型。由此，增加共同居住的理由和自尊。

公共審美的要求，使城市文化肩負了很多艱巨的具體任務。

這兒不妨作一個比較：在今天，我們可以不必理會那些自己不喜歡的各種作品，但對於建築和街道來說就不一樣了。那是一種**強制性的公共審美**，所謂「抬頭不見低頭見」，眼睛怎麼也躲不過。因此，它們構成了一個龐大的審美課堂，天天都在上課。如果「課本」優秀，那麼全城的市民也就獲得了一種正面的審美共識；如果相反，「課本」拙劣，那麼一代代市民也就接受了醜的薰陶，一起蒙汙，造成文化上的淪落。歐洲有的城市曾經判定醜陋建築的設計師應負法律責任，就是考慮到這種躲不開的禍害。

很多市長常常把哪個畫家、哪個詩人得了獎當作城市文化的大事。其實，那些得獎的作品未必是公共審美，而建築、街道卻是。因此，在城市文化中孰輕孰重，不言而喻。尤其是建築，一樓既立，百年不倒，它的設計等級，也就成了一個城市文化等級的代表，成了全城民眾榮辱文野的標誌。是功是罪，在此一舉，拜託各位市長，萬萬不可掉以輕心。

只要是公共審美，再小也不可輕視。例如我很看重街道間各種招牌上的書法，並把它看成是中國千年書法藝術在當代最普及的實現方式，比開辦書法展、出版書法集更為重要。我在很多城市的街道上閒逛時曾一再疑問：這些城市的書法家協會，為什麼不在公共書法這樣的大事上多做一點事呢？

除此之外，街道上的路燈、長椅、花壇、欄杆、垃圾桶等等，全都是公共審美的載體，也是城市文化的重要元素。想想吧，我們花費不少經費舉辦的演唱晚會一夜即過，而這些元素卻年年月月都安靜地存在，與市民在構建著一種長久的相互適應。

這種相互適應一旦建立，市民們也就擁有了共同的審美基石。如果適應的是高等級，那麼，對於低等級的街道就會產生不適應。這種適應和不適應，也就是城市美學的升級過程。

改革開放之後，大批中國旅遊者曾經由衷讚歎過巴黎、羅馬、佛羅倫斯、海德堡的建築之美和街道之美，那就是在欣賞城市文化各項審美元素的高級和諧。要做到「高級和諧」很不容易，需要一些全方位的藝術家執掌。我們知道歐洲曾有不少大藝術家參與其事，其實中國唐代的長安、日本的京都也是如此。在當代中國，我的好友陳逸飛先生生前曾參與上海浦東世紀大道巨細靡遺的規劃和設計，國內有幾所美術學院的師生也做了類似的事情，那都為城市文化的建設作出了切實貢獻。在這方面，市長應該「退居二線」，不要成為「首席設計師」。

作為一種公共審美，城市文化的主要方面應該是可視的。城市裡各所大學、研究所裡的學術成果，嚴格說來並不是城市文化，至多只能說是「城市裡的文化」。**城市文化以密集而穩固的全民共用性作為基礎**，因此也必須遵守其他文化不必遵守的規矩。

公共審美必須遵守的一條重要規矩就是「**免驚擾**」。「驚擾」分兩類，一類是內容上的驚擾，一類是形式上的驚擾。

何謂內容上的驚擾？由於是公共審美，審美者包括老人、小孩、病人，以及帶有各種精神傾向的人。因此必須把暴力、色情、恐怖、噁心的圖像刪除。上海一個現代派藝術家曾把一具仿造的骷髏懸掛在窗下，直對街道，這就對很多市民造成驚擾。同樣，巨蟒、軟蟲、蜥蜴畫面的電視牆也不能出現在鬧市。過於暴露的性愛鏡頭出現在公共場所，也會使很多領著孩子的家長、扶著老人的晚輩尷尬。

何謂形式上的驚擾？那就是豔色灼目、厲聲刺耳、廣告堵眼、標語破景。有人說，這一切是「現代自由」。其實，現代社會人人平等，任何人都不能享有驚擾他人自由的自由。這就像在一個安靜的住宅社區，半夜裡突然響起了義大利男高音，雖然唱得很美卻違反了現代公共空間的規矩。

現在中國城市間最常見的豔色、彩燈、大字、廣告和標語，市長們可能已經習以為常。但是，只要多多遊歷就會懂得，這是低級社區的基本圖像。就像我們看到一個男人穿著花格子西裝、戴著未除商標的墨鏡、又掛著粗亮的項鍊，很難讓人尊敬。記得北京奧運會之前，按國際規則，一切與奧運無關的標語、廣告都要清除。一清除，北京市民終於發現，自己的城市就像經過了沐浴梳洗，其實很美。因此奧運會過後，大家也不忍心再把那些東西掛上去了，除了少數偷偷摸摸的例外。

今天的天津中心城區，沿著海河竟然很難找到廣告和標語，使我立即對它刮目相看。它因深諳公共審美的奧祕而快速走向高貴。

公共審美的「免驚擾」原則，必然會使一座城市在圖像上刪除繁冗，刪除繽紛，刪除怪異，走向簡約，走向樸素，走向本真。到那時，你的市民又可以在白牆長巷裡打傘聽雨聲了，又可以在深秋江堤邊靜坐數遠帆了。你所選擇的優秀建築設計，也可以不受干擾、不被壅塞地呈現它們完整的線條了。

公共審美的最後標準，是融入自然。城市裡如果有山有水，人們必須虔誠禮讓，即所謂「顯山露水」。這還不夠，應該進一步讓自然景物成為城市的主角和靈魂。不是讓城市來裝飾它們，而是讓它們以野樸的本相契入城市精神。柏林的城中森林，伯恩不失土腥氣的阿勒河，京都如海如潮的楓葉，都表現了人類對自然的謙恭。這樣，前面所說的「免驚擾」原則，有了更重要的含義，那就是，既是不驚擾市民，也是不驚擾自然。現在全球都在努力的節能、減排，是對兩種「免驚擾」的共同遵守。

《中華文化》一書紀錄了我與北京大學和臺灣大學學生的一系列問答，其中我說：現在大家常常過於看重官場行政，其實千年歷史告訴我們，經濟大於行政，文化大於經濟，自然大於文化。我們不管什麼職業，都是自然之子。

集體禮儀

城市文化的活體呈現，是市民身上的禮儀。

我曾不止一次闡釋過榮格的那個觀點：一切文化都沉澱為人格，重要的不是個體人格而是集體人格。榮格所說的集體人格帶有「原型」的意思，是文化人類學中的一個關鍵課題。我們在這裡借用他的這個概念，並把這個概念縮小，說明一個城市的文化，也就是這個城市的集體人格。

優化一個城市的集體人格，是城市文化建設的目標。這個目標一定會使市長們激動，但又不知從何下手。按照往常的習慣，政府會號召，會呼籲，會宣導，而一些「知識份子」則會天天寫雜文譏諷、嘲笑集體人格中的毛病，扮演出「痛心疾首」的表情。

據我看，這些都沒有用。

在集體人格上，誰也不會聽從號召，誰也不會聽從批判。

我們的祖先早就明白這個道理，不信任「空對空」的說教，而是設計一套行為規範，以半強制的方式在社會上推行。這種行為規範，就叫禮儀。孔子一生最看重的事，就是尋找周朝的禮儀，並力圖恢復。我們現在企盼的集體禮儀，應該具有新的內容和形式。

正是禮儀，使文化變成行動，使無形變為有形，使精神可觸可摸，使道德可依可循。教育，先教「做什麼」，再說「為什麼」。

人的一生，很多嘉言美行都是從仿效家長、老師的行為規範開始的，過了很久才慢慢領悟為何如此。有的人甚至一輩子都沒有領悟，但依著做了，就成了一個「不自覺的實踐者」，也很好。

須知，孔子心中的「君子世界」，是一個禮儀世界，而未必是一個覺悟世界。或者說，禮儀在前，覺悟在後，已是君子。

根據上述理由，我希望各位市長，減少空洞的宣教，投入禮儀設計，試行推廣步驟。市長們也許會盼望國家規定統一禮儀，全國推行。這很難，中國太大，而禮儀又不是法律條文，沒有全國推廣的充分理由和實際效果。如果在一個城市裡，先找幾所學校、幾個部門，幾家企業率先試點，並由此構成彼此間的借鑒和比賽，就有可能產生意想不到的成果。

我想以一個常見的實例，來說明這個問題。

大家常坐飛機，早就熟悉了空中服務的行為規範。其實，這裡埋藏著一種極為深刻的「禮儀哲學」。

空中服務的行為規範普及於二十世紀後期，而且各國基本一致。請大家想一想，那時，兩次世界大戰剛過，各國之間的恩怨如山，而各國本身也發生了翻天覆地的變化，很多古典原則、傳統方式都已放棄，人們如何在和平年代建立交往的可能？當然可以有各種政治談判，但那無涉生活感性。正在這種處處壁壘的嚴峻情況下，在一架架越過國界的飛機上，大家看到了一種可以全球統一，沒有任何障礙的文化禮儀。我甚至認為，正是這種高空中的禮儀，展示了二戰之後各國溝通的行為起點，從而安撫了傷痕累累的蒼生大地。

當然，空中禮儀只是禮儀。那些微笑和舉止，並不是出於對你個體的瞭解和交情，而僅僅出自於規制化的重複。正是這種規制化的重複，功用超過外交宣言，超過深奧學理，成為現今社會少有的感性紐帶，因此，我把它提高為「禮儀哲學」。

從空中想到地面。當年蔡元培先生執掌北京大學，邀請海內外諸多著名學者前來任教。對於其中幾位年齡稍長的學者，每月月底他都會親自上門「請安」，實際上是奉上薪酬。他坐的是馬車，到了教授府宅之前，先由助手上前輕拍門環，待門打開，教授出迎，他已在門口躬身作揖。進了廳堂坐下，他總是立即褒揚教授新發表的論文，然後詢問飲食起居。雅敘片刻，便起身離開。薪水，已由助手悄悄交給教授的家人，蔡校長口中絕不提及。

這一套禮儀，月月重複，不僅使那些教授深感校長對自己的尊重，而且也展示了作為五四新文化運動搖籃的北大仍在延續著傳統文化中的美德嘉行，使教師隊伍產生一種心理上的安全感、踏實感。

現在去歐洲，雖然也常遇偷盜，卻更能見到不少具有善良禮儀的市民。有一次我們駕車在山道上問路，一位老者指路後我們感謝、前行。沒想到，老者突然擔心我們在前一個路口很容易走錯，竟然攀越山坡臺階趕到我們前面，氣喘吁吁地站在路口等待。這位白鬍子老者一直沒笑，卻有一副很好聽的嗓音。看著他，我突然對這片土地上數千年來曾經出現過的哲學家、藝術家產生整體親近。我們在車窗上向他揮手，他在夕陽下的剪影立即讓人想到了那些著名雕塑。他的行為禮儀，閃耀著一系列宏大的文化，從古代希臘、羅馬，到十八世紀啟蒙運動。

對此，我們常常會產生自愧。其實，該自愧的時間不必太長。很久以來，我們一直被稱之為「禮儀之邦」。這不是自誇，而有事實根據。我在《中國文脈》一書中曾引述過一位比馬可・波羅更早來中國的傳教士魯不魯乞（Rübrück）的一段話，說明在這位歐洲人眼中，當時的中國是什麼樣的：

一種出乎意料的情形是禮貌、文雅和恭敬中的親熱，這是他們在社交上的特徵。在歐洲常見的爭鬧、打鬥和流血的事，這裡卻不會發生，即使在酩酊大醉中也是一樣。忠厚是隨處可見的高貴品質。他們的車子和其他財物既不用鎖，也無需看管，並沒有人會偷竊。他們的牲畜如果走失了，大家會幫著尋找，很快就能物歸原主。糧食雖然常見匱乏，但他們對於救濟貧民，卻十分慷慨。

——《中國文脈・亂麻背後的蘊藏》

這位外國人的記述使我們清楚了，「禮儀之邦」，並非虛言。

禮儀一走幾百年，有沒有可能回來？

我本來是悲觀的。為此我要說得遠一點。

禮儀的消失，初一看與兵荒馬亂的時局有關，但這並不是主要原因。在兵荒馬亂之中，人們愈來愈企盼著和平秩序的重建，而和平秩序的重要因素就是禮儀。因此，戰後，人們往往比戰前更講究禮儀。第二次世界大戰之後，很多家破人亡的歐洲人走進了還沒有來得及完全修復的音樂廳，用貝多芬、巴哈、莫札特來修復心靈。這些人中的大多數，成了當代社會的禮儀載體。連我們熟悉的日本，在第二次世界大戰中踐踏了多少亞洲國家，自己也挨了兩顆原子彈，從精神面貌和城市面貌都是一片廢墟。但很快，他們在廢墟上建立起了讓別國民眾吃驚的禮儀。

我們中國，戰爭剛剛結束時的禮儀，也超過了今天。

禮儀消失的主要原因，既然不是兵荒馬亂，那是什麼呢？是文化誤導。

明清兩代在極端皇權主義和文化恐怖主義下滋生的鷹犬心理、咬人謀術本來還不敢明目張膽地登上大雅之堂，等到現代從西方歪曲引入的批鬥哲學、極端思維、實用主義等等與本土邪惡一結合，一切優秀傳統中的文化禮儀迅速蕩然無存。在這個過程中，一批「知識份子」起到了關鍵的負面作用。他們嘲謔天下大道，宣揚宮廷權謀，顛覆文化等級，甚至直接提出「寧要真小人，不要偽君子」的小人邏輯，而且發表的大量文章用語刺激，遣詞惡濁，對很多年輕讀者產生了極大誘惑。這正證明了一個道理，文化的最大敵人，在文化內部。

我曾經受邀參加過幾個「精神文明建設高端座談會」。那些當代著名的知識份子、公眾人物，不僅在會場上抽菸，到了電梯還不按滅，服務人員前來勸阻還用「最智慧的語言」予以還擊，使服務人員臉紅而走。在發言中，更是把自己看成是天下一切文明的裁判者，故意用狠話、粗話嘩眾取寵，甚至主張要在黃浦江樹立孔子的百米雕像與美國的自由女神抗衡。有人又尖聲反對，主張樹立孫悟空……

看到一位長住中國的西方學者寫的評論，說中國社會目前的種種亂象，是一批自稱文化菁英的人在傳媒上惡劣示範的結果。

不管這個外國人說得對不對，我還是要建議市長們在討論城市文化建設的時候，盡量不要多找那些看起來最有資格參加討論的人。

突然由悲觀而轉向有限度的樂觀，倒是因為北京奧運。據反覆調查，這麼一個重大的國際盛典，給外來客人留下最深刻印象的，居然不是開幕式，不是賽場比分，不是北京古蹟，也不是運作效能，而是那群年輕的志工。這些從全國各高校報名來參加的年輕人，經過適度訓練，學會了表達友善、樂於服務的一整套行為禮儀，又用自己的青春熱情把這種行為禮儀滋潤得熠熠生輝。各國遠道而來的客人，從他們身上直接感觸了中華文化。或者說，他們成了中華文化的簡要讀本。

設計一座城市的集體禮儀，可以多層次、多方位齊頭並進，然後經過實踐比較一一篩選。但是不管哪一種，都需要遵循一些共同規範，例如——

第一，禮儀，只是善良和大愛的表現形式。堅守這一點，能使全部禮儀動作充溢著真誠，這是任何人一眼就可以看出來的。

第二，設計時應該盡量自然合度，簡單易行，把握分寸。否則，集體禮儀就會成為一種脫離生活自然程式的僵化存在，很難被自覺地廣泛採用。

第三，集體禮儀在現代需要符合國際規範，又要溶入中華風格和東方風格。據我全方位的實地考察，目前在行為禮儀上值得我們借鑒的亞洲國家有日本、伊朗、韓國、以色列、新加坡；在兩岸四地的排位中，臺灣和澳門占據一、二名。

第四，集體禮儀的推行，應該以年輕人領頭。年輕人的生命感、創造力不僅能使這些禮儀增加審美感染力，也能展現禮儀的現代性和後續性。不能讓老氣橫秋的一套，替代當代城市的集體禮儀。我從大量婚禮和節慶典儀中看到，當代年輕人對於集體禮儀非常渴求。只不過，到處都缺少高明的設計。

這又是市長的事了。

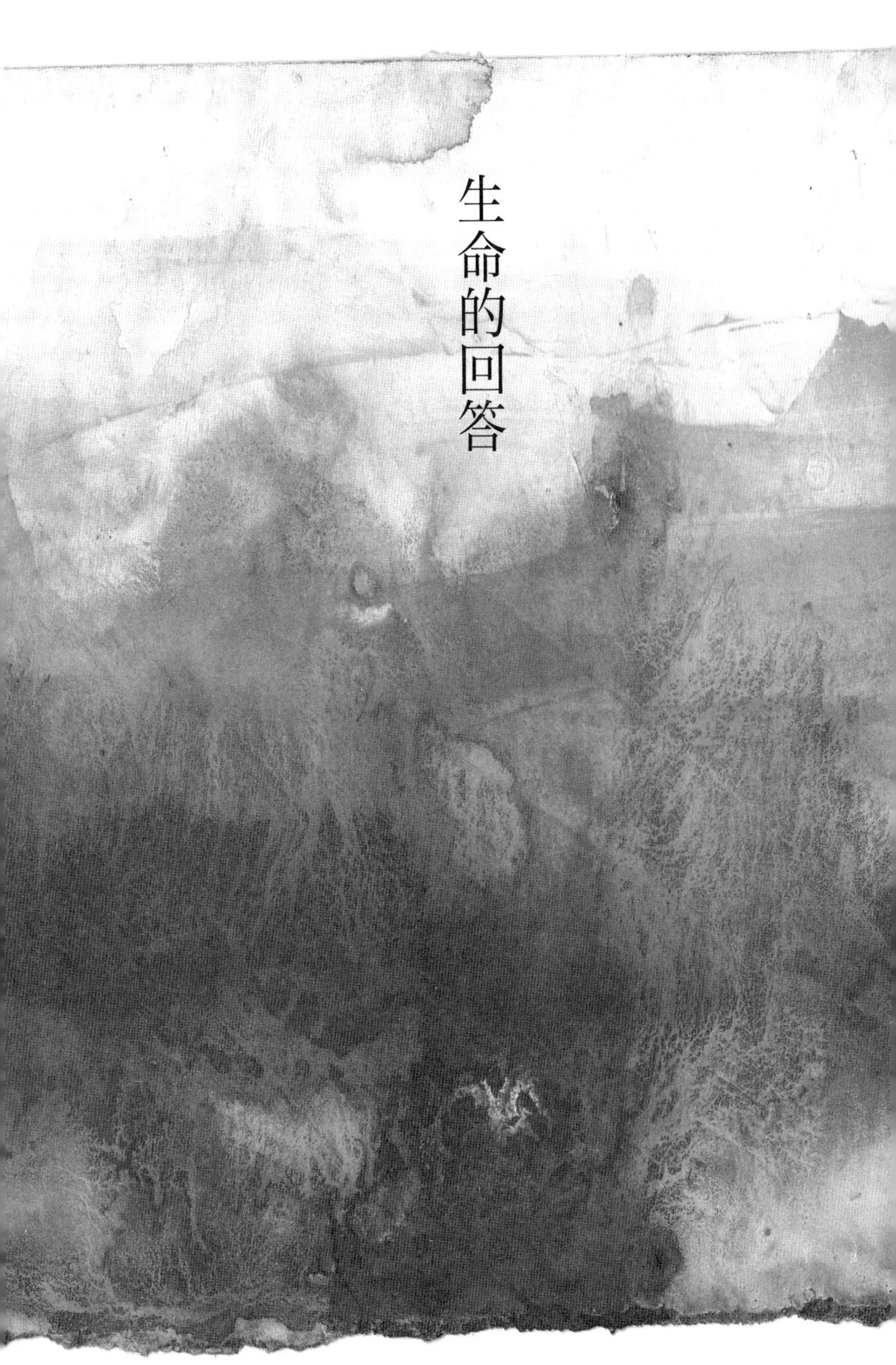
生命的回答

謝家門孔

一

直到今天，謝晉的小兒子阿四，還不知道「死亡」是什麼。

大家覺得，這次該讓他知道了。但是，不管怎麼解釋，他誠實的眼神告訴你，他還是不知道。

十幾年前，同樣弱智的阿三走了，阿四不知道這位小哥到哪裡去了，爸爸對大家說，別給阿四解釋死亡。

兩個月前，阿四的大哥謝衍走了，阿四不知道他到哪裡去了，爸爸對大家說，別給阿四解釋死亡。

現在，爸爸自己走了，阿四不知道他到哪裡去了，家裡只剩下了他和八十三歲的媽媽，阿四已經不想聽解釋。誰解釋，就是誰把小哥、大哥、爸爸弄走了。他就一定跟著走，去找。

二

阿三還在的時候，謝晉對我說：「你看他的眉毛，稀稀落落，是整天扒在門孔上磨的。只要我出門，他就離不開門了，分分秒秒等我回來。」

謝晉說的門孔，俗稱「貓眼」，誰都知道是大門中央張望外面的世界的一個小裝置。平日聽到敲門或電鈴，先在這裡看一眼，認出是誰，再決定開門還是不開門。但對阿三來說，這個閃著亮光的玻璃小孔，是一種永遠的等待。

他不允許自己有一絲一毫的鬆懈，因為爸爸每時每刻都可能會在那裡出現，他不能漏掉第一時間。除了睡覺、吃飯，他都在那裡看。雙腳麻木了，脖子痠痛了，眼睛迷糊了，眉毛脫落了，他都沒有撤退。

爸爸在外面做什麼？他不知道，也不會想。

有一次，謝晉與我長談，說起在封閉的時代要在電影中加入一點人性的光亮是多麼不容易。我突然產生聯想，說：「謝導，你就是阿三！」

「什麼？」他奇怪地看著我。

我說：「你就像你家阿三，在關閉著的大門上找到一個孔，便目不轉睛地盯著，看亮光，等親情，除了睡覺、吃飯，你都沒有放過。」

他聽了一震，目光炯炯地看著我，不說話。

我又說：「你的門孔，也成了全國觀眾的門孔。不管什麼時節，一個玻璃亮眼，大家從那裡看到了很多風景，很多人性。你的優點也與阿三一樣，那就是無休無止地堅持。」

三

謝晉在六十歲的時候對我說：「現在，我總算和全國人民一起成熟了！」那時，文革結束不久。

「成熟」了的他，拍了「牧馬人」、「天雲山傳奇」、「芙蓉鎮」、「清涼寺的鐘聲」、「高山下的花環」、「最後的貴族」、「鴉片戰爭」……。那麼，他的藝術歷程也就大致可以分為兩段，前一段為探尋期，後一段為成熟期。探尋期更多地依附於時代，成熟期更多地依附於人性。

一切依附於時代的作品，往往會以普遍流行的時代話語，籠罩藝術家自身的主體話語。謝晉的可貴在於，即使被籠罩，他的主體話語還在頑皮地撲閃騰躍。其中最頑皮之處，就是集中表現女性。不管外在題材是什麼，只要抓住了女性命題，藝術也就具有了亦剛亦柔的功能，人性也就有了悄然滲透的理由。在這方面，「舞臺姐妹」就是很好的例證。儘管這部作品裡也有不少時代給予的概念化痕跡，但文革中批判它的最大罪名，就是「人性論」。

謝晉說，當時針對這部作品，批判會開了不少，造反派怕文藝界批判「人性論」不力，就拿到「階級立場最堅定」的工人中去放映，然後批判。沒想到，在放映時，紡織廠的女工已經哭成一片，她們被深深感染了。「人性論」和「階級論」的理論對峙，就在這一片哭聲中見出了分曉。

但是，在謝晉看來，這樣的作品還不成熟。讓紡織女工哭成一片，很多民間戲曲也能做到。他覺得自己應該做更大的事。文革的煉獄，使他獲得了浴火重生的機會。文革以後的他，不再是在時代話語的縫隙中捕捉人性，而是反過來，以人性的標準來拷問時代了。

對於一個電影藝術家來說，「成熟」在六十歲，確實是晚了一點。但是，到了六十歲還有勇氣「成熟」，這正是二、三十年前中國最優秀知識份子的良知凸現。也有不少人一直表白自己「成熟」得很早，不僅早過謝晉，而且幾乎沒有不成熟的階段。這也可能吧，但全國民眾都未曾在當時看到。謝晉是永遠讓大家看到的，因此大家與他相陪相伴地不成熟，然後一起成熟。

這讓我想起雲南麗江雪山上的一種桃子，由於氣溫太低，成熟期拖得特別長，因此收穫時的果實也特別大，大到讓人歡呼。

「成熟」後的謝晉讓全國觀眾眼睛一亮。他成了萬人矚目的思想者，每天在大量的文學作品中尋找著既符合自己切身感受、又必然能感染民眾的描寫，然後思考著如何用鏡頭震撼全民族的心靈。沒有他，那些文學描寫只在一角流傳；有了他，一座座通向億萬觀眾的橋樑搭了起來。

於是，由於他，整個民族進入了一個艱難而美麗的甦醒過程，就像羅丹雕塑「青銅時代」傳達的那種象徵氣氛。

那些年的謝晉，大作品一部接著一部，部部深入人心，真可謂手揮五弦，目送歸鴻，雲蒸霞蔚。

就在這時，他禮賢下士，竟然破例聘請了一個藝術顧問，那就是比他小二十多歲的我。他與我的父親同齡，我又與他的女兒同齡。這種輩分錯亂的禮聘，只能是他，也只能在上海。

那時節，連蕭伯納的嫡傳弟子黃佐臨先生也在與我們一起玩布萊希特、貧困戲劇、環境戲劇，他應該是我祖父一輩。而我的學生們，也已成果累累。八〇年代「四世同堂」的上海文化，實在讓人難以忘懷。而在這「四世同堂」的熱鬧中，成果最為顯赫的，還是謝晉。他讓上海，維持了一段為時不短的文化驕傲。

從更廣闊的視角來看，謝晉最大的成果在於用自己的生命接通了中國電影在一九四九年之後的曲折邏輯。不管是幼稚、青澀、豪情，還是深思、嚴峻、浩歎，他全都經歷了，摸索了，梳理了。

他不是散落在岸邊的一片美景，而是一條完整的大河，使沿途所有的景色都可依著他而定位。他是一脈彩色的光纜，為很多並不彩色的歷史過程提供了審美可能。

我想，當代年輕的電影藝術家即便有再高的國際成就，也不能輕忽謝晉這個名字，因為進入今天這個制高點的那條崎嶇山路，是他跌跌絆絆走下來的。年輕藝術家的長輩，都從他那裡汲取過美，並構成遺傳。在這個意義上，謝晉不朽。

四

謝晉聘請我做藝術顧問，旁人以為他會要我介紹當代世界藝術的新思潮，其實並不。他與我最談得攏的，是具體的藝術感覺。他是文化創造者，要的是現場設計，而不是雲端高論。

我們也曾開過一些研討會，有的理論家在會上高談闊論，又明顯地缺少藝術感覺。謝晉會偷偷地摘下耳機，出神地看著發言者。發言者還以為他在專心聽講，其實他很可能只是在觀察發言者臉部的肌肉運動狀態和可以劃分的角色類型。這好像不太禮貌，但高齡的他有資格這樣做。

謝晉特別想說又不願多說的，是作為文化創造者的苦惱。

我問他：「你在創作過程中遇到的最大苦惱是什麼？是劇作的等級，演員的悟性，還是攝影師的能力？」

他說：「不，不，這些都有辦法解決。我最大的苦惱，是遇到了不懂藝術的審查者和評論者。」

他所說的「不懂藝術」，我想很多官員是不太明白其中含義的。他們總覺得自己既有名校學歷又看過很多中外電影，還啃過幾本藝術理論著作，怎麼能說「不懂藝術」呢？

其實，真正的藝術家都知道，這種「懂」，是創造意義上而不是學問意義上的。那是對每一個感性細節小心翼翼的捧持，是對每一個未明意涵恭恭敬敬地讓它保持未明狀態，是對作品的有機生命不可稍有割劃的萬千敏感，是對轉瞬即逝的一個眼神、一道光束的震顫性品啜，是對那綿長多變又快速運動的鏡頭語彙的感同身受，以及感同身受後的氣喘吁吁、神馳心飛。

用中國傳統美學概念來說，這種「懂」，不「隔」。而一切審查性、評論性的目光，不管包含著多少學問，都恰恰是從「隔」開始的。

平心而論，在這一點上，謝晉的觀點比我寬容得多。他不喜歡被審查卻也不反對，一直希望有夏衍、田漢這樣真正懂藝術的人來審查。而我則認為，即使夏衍、田漢這樣的藝術家再世，也沒有權利要謝晉這樣的藝術家在藝術上服從自己。

謝晉那些最重要的作品，上映前都麻煩重重。如果說，文革前的審查總是指責他「愛情太多，女性話題太多，宣揚資產階級人性論太多」，那麼，文革後的審查者已經寬容愛情和女性了，主要是指責他「揭露革命事業中的黑暗太多」。

有趣的是，有的審查者一旦投身創作，立場就會發生天翻地覆的變化。我認識兩位職業審查者，年老退休後常常被一些電視劇聘為顧問，參與構思。作品拍出來後，交給他們當年退休時物色的徒弟們審查，他們才發現，這些徒弟太不像話了。他們憤怒地說：「文化領域那麼多誹謗、偽造、低劣都不審查，卻總是盯著一些好作品不依不饒！」後來他們捫心自問，才明白自己大半輩子也在這麼做。

對於評論，謝晉與他的同代人一樣，過於在乎，比較敏感，容易生氣。

他平生最生氣的評論，是一個叫朱大可的上海評論者所揭露的「謝晉模式」。忘了是說「革命加女人」，還是「革命加愛情」。謝晉認為，以前的審查者不管多麼胡言亂語，也沒有公開發表，而這個可笑的「謝晉模式」，卻被很多報紙刊登了。

他幾乎在辦公室裡大聲咆哮：「女人怎麼啦？沒有女人，哪來男人？愛情，我在「紅色娘子軍」裡想加一點，不讓；「舞臺姐妹」裡也沒有正面愛情。只有造反派才批判我借著革命販賣愛情，這個朱大可是什麼人？」

我勸他：「這個人沒有什麼惡意，只是理論上幼稚，把現象拼湊當作了學問。你不要生氣，如果有人把眼睛、鼻子、嘴巴的組合說成是臉部模式，你會發火嗎？」

他看著我，不再說話。但後來，每次研討會我都提議讓朱大可來參加，他都不讓。而且，還會狠狠地瞪我一眼。

直到有一天，朱大可發表文章說，有一個妓女的手提包裡也有我的《文化苦旅》，引起全國對我的訕笑。謝晉也幸災樂禍地笑了，說：「看你再為他辯護！」

但他很快又大聲地為我講話了：「妓女？中外藝術中，很多妓女的品德，都比文人高！我還要重拍《桃花扇》，用李香君回擊他！」

我連忙說：「不，不。中國現在的文藝評論，都是隨風一吐的口水，哪裡犯得著你大藝術家來回擊？」

「你不恨？」他盯著我的眼睛，加了一句：「那麼多報紙。」

「當然不恨。」我說

他把手拍在我肩上。

五

在友情上，謝晉算得上是一個漢子。

他總是充滿古意地反覆懷念一個個久不見面的老友，懷念得一點兒也不像一個名人；同時，他又無限興奮地結識一個個剛剛發現的新知，興奮得一點兒也不像一個老者。他的工作性質、活動方式和從業時間，使他的「老友」和「新知」的範圍非常之大，但他一個也不會忘記，一個也不會怠慢。

因此，只要他有召喚，或者，只是以他的名義召喚，再有名的藝術家也沒有不來的。有時，他別出心裁，要讓這些藝術家都到他出生的老家去聚合，大家也都乖乖地全數抵達。就在他去世前幾天，上海電視臺準備拍攝一個紀念他八十五歲生日的節目，開出了一大串響亮的名單，逐一邀請。這些人中的任何一個，在一般情況下是「八抬大轎也抬不動」的，因為有的也已年老，有的非常繁忙，有的片約在身，有的身患重病。但是，一聽是謝晉的事，沒有一個拒絕。當然，他們沒有料到，生日之前，會有一個追悼會……

我從旁觀察，發覺謝晉交友，有兩個原則。一是拒絕小人，二是不求實用。這就使他身邊的熱鬧中有一種乾淨。相比之下，有些同樣著名的老藝術家永遠也擺不出謝導這樣的友情陣仗，不是他們缺少魅力，而是本來要來參加的人想到同時還有幾雙忽閃的眼睛也會到場，藉故推託了。有時，好人也會利用小人，但謝晉不利用。

他對小人的辦法，不是爭吵，不是驅逐，而是在最早的時間冷落。他的冷落，是炬滅煙消，完全不予互動。聽對方說了幾句話，他就明白是什麼人了，便突然變成了一座石山，邪不可侵。轉身，眼角掃到一個朋友，石山又變成了一尊活佛。

一些早已不會被他選為演員和編劇的老朋友，永遠是他的座上賓。他們誰也不會因為自己已經幫不上他的忙，感到不安。西哲有言：「友情的敗壞，是從利用開始的。」謝晉的友情，從不敗壞。

他一點兒也不勢利。再高的官，在他眼中只是他的觀眾，與天下千萬觀眾沒有區別。但因為他們是官，他會特別嚴厲一點。我多次看到，他與官員講話的聲調，遠遠高於他平日講話，主要是在批評。他還會把自己對於某個文化高官的批評到處講，反覆講，希望能傳到那個高官的耳朵裡，一點兒不擔心自己會不會遇到麻煩。

有時，他也會發現，對那個高官的批評搞錯了，於是又到處大聲講：「那其實是個好人，我過去搞錯了！」

對於受到挫折的人，他特別關心，包括官員。

有一年，我認識的一位官員因事入獄。我以前與這位官員倒也沒有什麼交往，這時卻想安慰他幾句。正好上海市監獄邀請我去給幾千個犯人講課，我就向典獄長提出要與那個人談一次話。典獄長說，與那個人談話是不被允許的。我就問能不能寫個條子，典獄長說可以。

我就在一張紙上寫道：「平日大家都忙，沒有時間把外語再推進一步，祝賀你有了這個機會。」寫完，托典獄長交給那個人。

謝晉聽我說了這個過程，笑眯眯地動了一會腦筋，然後興奮地拍了一下桌子說：「有了！你能送條子，那麼，我可以進一步，送月餅！過幾天就是中秋節，你告訴典獄長，我謝晉要為犯人講一次課！」

就這樣，他為了讓那個官員在監獄裡過一個像樣的中秋節，居然主動去向犯人講了一次課。提籃橋監獄的犯人，有幸一睹他們心中的藝術偶像。那個入獄的官員，其實與他也沒有什麼關係。

四年以後，那個人刑滿釋放，第一個電話打給我，說他聽了我的話，在裡邊學外語，現在帶出來一部五十萬字的翻譯稿。然後，他說，急於要請謝晉導演吃飯。謝導那次的中秋節行動，實在把他感動了。

六

我一直有一個錯誤的想法，覺得拍電影是一個力氣活，謝晉已經年邁，不必站在第一線上了。我提議他在拍完「芙蓉鎮」後就可以收山，然後以自己的信譽、影響和經驗，辦一個電影公司，再建一個影視學院。簡單說來，讓他從一個電影導演變成一個「電影導師」。

有這個想法的，可能不止我一個人。

我過了很久才知道，他對我們的這種想法，深感痛苦。

他想拍電影，他想自己天天拿著話筒指揮現場，然後貓著腰在攝影機後面調度一切。他早已不在乎名利，也不想證明自己依然還保持著藝術創造能力。他只是饑渴，沒完沒了地饑渴。在這一點上他像一個最單純、最執著的孩子，一定要做一件事，罵他，損他，毀他，都可以，只要讓他做這件事，他立即可以破涕為笑。

他當然知道我們的勸說有點道理，因此，也是認認真真地辦電影公司，建影視學院，還叫我做「校董」。但是，這一切都不能消解他內心的強烈饑渴。

他愈來愈要在我們面前表現出他的精力充沛、步履輕健。他由於耳朵不好，本來說話就很大聲，現在更大聲了。他原來就喜歡喝酒，現在更要與別人頻頻比賽酒量。

有一次，他跨著大步走在火車站的月臺上，不知怎麼突然踉蹌了。他想擺脫踉蹌，掙扎了一下，誰知更是朝前一衝，被人扶住，臉色發青。這讓人們突然想起他的皮夾克、紅圍巾所包裹著的年齡。

不久後一次吃飯，我又委婉地說起了老話題。

他知道月臺上的踉蹌被我們看到了，因此也知道我說這些話的原因。

他朝我舉起酒杯，我以為他要用乾杯的方式來接受我的建議，沒想到他對我說：「秋雨，你知道什麼樣的人是真正善飲的嗎？我告訴你，第一，端杯穩；第二，雙眉平；第三，下口深。」

說著，他又穩又平又深地一連喝了好幾杯。

是在證明自己的酒量嗎？不，我覺得其中似乎又包含著某種宣示。

即使毫無宣示的意思，那麼，只要他拿起酒杯，便立即顯得大氣磅礴，說什麼都難以反駁。

後來，有一位熱心的農民企業家想給他資助，開了一個會。這位企業家站起來講話，意思是大家要把謝晉看作一個珍貴的品牌，進行文化產業的運作。但他不太會講話，說成了這樣一句：「謝晉這兩個字，不僅僅是一個人名，而且還是一種有待開發的東西。」

「東西？」在場的文化人聽了都覺得不是味道。

一位喜劇演員突然有了念頭，便大聲地在坐位上說：「你說錯了，謝晉不是東西！」他又重複了一句：「謝晉不是東西！」

這是一個毫無惡意的喜劇花招，全場都笑了。

我連忙扭頭看謝晉導演，不知他生氣而走，還是靄然而笑。沒想到，我看到的他似乎完全沒有聽到這句話，只是像木頭一樣呆坐著，毫無表情。我立即明白了，他從這位企業家的講話中才知道，連他們也想把自己當作品牌來運作。

「我，難道只能這樣了嗎？」他想。

他毫無表情的表情，把我震了一下。他心中在想，如果自己真的完全變成了一個品牌，丟失了親自創造的權利，那謝晉真的「不是東西」了。

從那次之後，我改變了態度，總是悉心傾聽他一個又一個的創作計畫。這是一種滔滔不絕的激情，變成了延綿不絕的憧憬。他要重拍《桃花扇》，他要籌拍美國華工修建西部鐵路的血淚史，他要拍《拉貝日記》，他要拍《大人家》，他更想拍前輩領袖的女兒們的生死恩仇、悲歡離合……

看到我願意傾聽，他就針對我們以前的想法一吐委屈：「你們都說我年事已高，應該退居二線，但是我早就給你說過，我是六十歲才成熟的，那你算算……」

一位傑出藝術家的生命之門既然已經第二度打開，翻卷的洪水再也無可抵擋。

這是創造主體的本能呼喊，也是一個強大的生命要求自我完成的一種尊嚴。這種狀態不一定能導致好作品，但好作品一定來自於此。我以前的阻攔，過於理性，已經背離藝術創造的本性訴求。

七

他在中國創建了一個獨立而龐大的藝術世界，但回到家，卻是一個常人無法想像的天地。

他與夫人徐大雯女士生了四個小孩，腦子正常的只有一個，那就是謝衍。謝衍的兩個弟弟就是前面所說的老三和老四，都嚴重弱智，而姊姊的情況也不好。

這四個孩子，出生在一九四六年至一九五六年這十年間。當時的社會，還很難找到輔導弱智兒童的專業學校，一切麻煩都堆在一門之內。家境極不寬裕，工作極其繁忙，這個門內天天在發生什麼？只有天知道。

我們如果把這樣一個家庭背景與謝晉的那麼多電影聯繫在一起，真會產生一種匪夷所思的感覺。每天傍晚，他那高大而疲憊的身影一步步走回家門的圖像，不能不讓人一次次落淚。不是出於一種同情，而是為了一種偉大。

一個錯亂的精神漩渦，能夠發出偉大的精神力量嗎？謝晉作出了回答，而全國的電影觀眾都在點頭。

我覺得，這種情景，在整個人類藝術史上都難於重見。

謝晉親手把錯亂的精神漩渦，築成了人道主義的聖殿。我曾多次在他家裡吃飯，他做得一手好菜，常常圍著白圍裙、手握著鍋鏟招呼客人。客人可能是好萊塢明星、法國大導演、日本製作人，但最後謝晉總會搓搓手，通過翻譯介紹自己兩個兒子的特殊情況，然後隆重請出。

這種毫不掩飾的坦蕩，曾讓我百脈俱開。在客人面前，弱智兒子的每一個笑容和動作，在謝晉看來就是人類最本原的可愛造型，因此滿眼是欣賞的光彩。他把這種光彩，帶給了整個門庭，也帶給了所有的客人。

他自己成天到處走，有時也會帶著兒子出行。我聽謝晉電影公司總經理張惠芳女士說，那次去浙江衢州，坐了一輛麵包車，路上要好幾個小時，阿四同行。坐在前排的謝晉過一會兒就要回過頭來問：「阿四累不累？」「阿四好嗎？」「阿四要不要睡一會兒？」……過幾分鐘就回一次頭，沒完沒了。

每次回頭，那神情，能把雪山消融。

八

他萬萬沒有想到，他家後代唯一的正常人，那個從國外留學回來的典雅君子，他的大兒子謝衍，竟先他而去。

謝衍太知道父母親的生活重壓，一直瞞著自己的病情，不讓老人家知道。他把一切事情都料理得一清二楚，然後穿上一套乾淨的衣服，去了醫院，再也沒有出來。

他懇求周圍的人，千萬不要讓爸爸、媽媽到醫院來。他說，爸爸太出名，一來就會引動媒體，而自己現在的形象又會使爸爸、媽媽吃驚。他一直念叨著：「不要來，千萬不要來，不要讓他們來……」

直到他去世前一星期，周圍的人說，現在一定要讓你爸爸、媽媽來了。這次，他沒有說話。

謝晉一直以為兒子是一般的病住院，完全不知道事情已經那麼嚴重。眼前病床上，他唯一可以對話的兒子，已經不成樣子。

他像一尊突然被風乾了的雕像，站在病床前，很久，很久。

他身邊，傳來工作人員低低的抽泣。

謝衍吃力地對他說：「爸爸，我給您添麻煩了！」

他顫聲地說：「我們治療，孩子，不要緊，我們治療……」

從這天起，他天天都陪著夫人去醫院。

獨身的謝衍已經五十九歲，現在卻每天在老人趕到前不斷問：「爸爸怎麼還不來？媽媽怎麼還不來？爸爸怎麼還不來？」

那天，他實在太痛了，要求打嗎啡，但醫生有猶豫。幸好有慈濟功德會的志工來唱佛曲，他平靜了。

謝晉和夫人陪在兒子身邊，那夜幾乎陪了通宵。工作人員怕這兩位八十多歲的老人撐不住，力勸他們暫時回家休息。但是，兩位老人的車尚且沒有到家，謝衍就去世了。

謝衍是二〇〇八年九月二十三日下葬的。第二天，九月二十四日，杭州的朋友就邀請謝晉去散散心，住多久都可以。接待他的，是一位也剛剛喪子的傑出男子，叫葉明。

兩人一見面就抱住了，嚎啕大哭。他們兩人，前些天都哭過無數次，但還要找一個機會，不刺激妻子，不為難下屬，抱住一個人，一個禁得起用力抱的人，痛快淋漓、迴腸盪氣地哭一哭。

那天謝晉導演的哭聲，像虎嘯，像狼嚎，像龍吟，像獅吼，把他以前拍過的那麼多電影裡的哭，全都收納了，又全都釋放了。

那天，秋風起於杭州，連西湖都在嗚咽。

他並沒有在杭州住長，很快又回到了上海。這幾天他很少說話，眼睛直直地看著前方。有時也翻書報，卻是亂翻，沒有一個字入眼。

突然電話鈴響了，是家鄉上虞的母校春暉中學打來的，說有一個紀念活動要讓他出席，有車來接。他一生，每遇危難總會想念家鄉。今天，故鄉故宅又有召喚，他毫不猶豫地答應了。他給駕駛員小蔣說：「你別管我了，另外有車來接！」

小蔣告訴張惠芳，張急急趕來詢問，門房說，接謝導的車，兩分鐘前開走了。

春暉中學的紀念活動第二天才開始，這天晚上他在旅館吃了點冷餐，沒有喝酒，倒頭便睡。這是真正的老家，他出走已久，今天只剩下他一個人回來。他是朝左側睡的，再也沒有醒來。

這天是二〇〇八年十月十八日，離他八十五歲生日，還有一個月零三天。

九

他老家的屋裡，有我題寫的四個字：「東山謝氏」。

那是幾年前的一天，他突然來到我家，要我寫這幾個字。他說，已經請幾位老一代書法大家寫過，希望能增加我寫的一份。東山謝氏？好生了得！我看著他，抱歉地想，認識了他那麼多年，也知道他是紹興上虞人，卻沒有把他的姓氏與那個遙遠而輝煌的門庭聯繫起來。

他的遠祖，是西元四世紀那位打了「淝水之戰」的東晉宰相謝安。這仗，是和侄子謝玄一起打的。而謝玄的孫子，便是中國山水詩的鼻祖謝靈運。謝安本來是隱居會稽東山的，經常與大書法家王羲之一起喝酒吟詩，他的侄女謝道蘊也嫁給了王羲之的兒子王凝之，而才學又遠超丈夫。謝安後來因形勢所迫再度做官，這使中國有了一個「東山再起」的成語。

正因為這一切，我寫「東山謝氏」這四個字時非常恭敬，一連寫了好多幅，最後挑出一張，送去。

謝家，竟然自東晉、南朝至今，就一直住在東山腳下？別的不說，光那股積累了一千六百年的氣，已經非比尋常。

謝晉導演對此極為在意，卻又不對外說，可見完全不想借遠祖之名炫耀。他在意的，是這山、這村、這屋、這姓、這氣。但這一切都是祕密的，只是為了要我寫字才說，說過一次再也不說。

我想，就憑著這種無以言表的深層皈依，他會一個人回去，在一大批遠祖面前劃上人生的句號。

十

此刻，他上海的家，只剩下了阿四。他的夫人因心臟問題，住進了醫院。

阿四不像阿三那樣成天在門孔裡觀看。他幾十年如一日的任務是為爸爸拿包、拿鞋。每天早晨爸爸出門了，他把包遞給爸爸，並把爸爸換下的拖鞋放好。晚上爸爸回來，他接過包，再遞上拖鞋。

好幾天，爸爸的包和鞋都在，人到哪裡去了？他有點奇怪，卻在耐心等待。突然來了很多人，在家裡擺了一排排白色的花。

白色的花愈來愈多，家裡放滿了。他從門孔裡往外一看，還有人送來。阿四穿行在白花間，突然發現，白花把爸爸的拖鞋遮住了。他彎下腰去，拿出爸爸的拖鞋，小心放在門邊。

這個白花的世界，今天就是他一個人，還有一雙鞋。

Let them say

一

一九三七年七月十日，蕭伯納的寓所。

再過兩個多星期，就是蕭伯納八十一歲的生日。這些天，預先來祝賀的人很多，他有點煩。

早在二十二年前獲諾貝爾獎的時候，他已經在抱怨，獎來晚了。他覺得自己奮鬥最艱難的時候常常找不到幫助，等到自己不想再奮鬥，獎卻來了。

「我已經掙扎到了對岸，你們才拋過來救生圈。」他說。

可見，那時的他，已覺得「對岸」已到，人生的終點已近。

但是誰想得到呢，從那時開始，又過了二十二年，還在慶祝生日，沒有一點兒要離開世界的樣子。他喜歡嘲笑自己，覺得自己偷占生命餘額的時間太長，長得連自己都不好意思了。

更可嘲笑的是，恰恰是他「偷占生命餘額」的漫長階段，最受人尊重。這與他在真正創造文化成果的年月裡受盡的淒涼，構成了諷刺性對比。

今天的他，似乎德高望重，社會的每個角落都以打擾他為榮。他盡量推託，但有一些請求卻難以拒絕，例如捐款。

他並不吝嗇，早已把當時諾貝爾文學獎的獎金八萬英鎊，全數捐給了瑞典的貧困作家。但他太不喜歡有人在捐款的事情上夾帶一點兒道德要脅。對此，他想有所表態。

正好有一個婦女協會來信，要他為一項活動捐款，數字很具體。蕭伯納立即回信，說自己對這項活動一無所知，也不感興趣，因此不捐。

他回信後暗想，隨便她們怎麼罵吧。沒想到過幾天收到了她們的感謝信，說她們把他的回信拍賣了，所得款項大大超過了她們當初提出的要求。

「還是被她們捲進去了。」他聳了聳肩。

對於直接找上門來的各種人員，僕人都理所當然地阻攔了。因此，住宅裡才有一份安靜。

但是，剛才他卻聽到，電鈴響過，有人進門。很快僕人來報：「那個您同意接見的中國人黃先生，來了。」

黃先生就是黃佐臨，一九二五年到英國留學，先讀商科，很快就師從蕭伯納學戲劇，創作了〈東西〉和〈中國茶〉，深受蕭伯納讚賞。黃佐臨曾經返回中國，兩年前又與夫人一起赴英，在劍橋大學皇家學院研究莎士比亞，並在倫敦戲劇學館學導演，今年應該三十出頭了吧？這次他急著要見面，對蕭伯納來說有點突然，但他很快猜出原因了。

據他的經驗，這位學生不會特地趕那麼多路來預祝生日。原因應該與大事有關：《泰晤士報》已有報導，三天前，七月七日，日本正式引發了侵華戰爭。

蕭伯納想，中國、日本打起來了，祖國成了戰場，回不去了，黃先生可能會向自己提出要求，介紹一個能在英國長期居留的工作。當然，是戲劇工作。

蕭伯納邊想邊走進客廳。他看到，這位年輕的中國人，正在細看客廳壁爐上鐫刻著的一段話，他自己的語錄。

黃佐臨聽到腳步聲後立即回過頭來，向老師蕭伯納問好。

落坐後，蕭伯納立即打開話匣子：「七月七日發生的事，我知道了。」

「所以，我來與您告別。」黃佐臨說。

「告別？去哪兒？」蕭伯納很吃驚。

「回國。」黃佐臨說。

「回國？」蕭伯納更吃驚了。頓了頓，他說：「那兒已經是戰場，仗會愈打愈大。你不是將軍，也不是士兵，回去幹什麼？」

黃佐臨一時無法用英語解釋清楚中國文化裡的一個沉重概念：「赴國難」。他只是說：「我們中國人遇到這樣的事情，多數會回去。我不是將軍，但也算是士兵。」

蕭伯納看著黃佐臨，好一會兒沒說話。

「那我能幫助你什麼？」蕭伯納問。「昨天我已對中國發生的事發表過談話。四年前我去過那裡，認識宋慶齡、林語堂，他們的英語都很好。還見了一個小個子的作家，叫魯迅。」

黃佐臨點了點頭，說：「我這次回去，可能回不來了。您能不能像上次那樣，再給我題寫幾句話？」

「上次？」蕭伯納顯然忘記了。

「上次您寫的是：易卜生不是易卜生派，他是易卜生；我不是蕭伯納派，我是蕭伯納；如果黃先生想有所成就，千萬不要做誰的門徒，必須獨創一格。」黃佐臨背誦了幾句。

「想起來了！」蕭伯納呵呵大笑：「這是我的話。」

說話間，黃佐臨已經打開一本新買的簽名冊，放到了蕭伯納前面，說：「再給我留一個終身紀念吧。」

蕭伯納拿起筆，抬頭想了想，便低頭寫了起來。黃佐臨走到了他的後面。

蕭伯納寫出的第一句話是——

起來，中國！東方世界的未來是你們的。

寫罷，他側過頭去看了看黃佐臨。黃佐臨感動地深深點頭。在「七七事變」後的第三天，這句話，能讓一切中國人感動。

蕭伯納又寫了下去——

如果你有毅力和勇氣，那麼，使未來盛典更壯觀的，將是中國戲劇。

黃佐臨向蕭伯納鞠了一躬，把簽名冊收起，然後就離開了。

二

上面這個場景，是八十歲的黃佐臨先生在新加坡告訴我的。

那時我正在新加坡講學，恰逢一個國際戲劇研討會要在那裡舉行。參加籌備的各國代表聽說蕭伯納的嫡傳弟子、亞洲最權威的戲劇大師黃佐臨還健在，就大膽地試圖把他邀請與會。這是一種幻想，但如果變成現實，那次研討會就有了驚人的重量。

新加坡的著名戲劇家郭寶昆先生為此專程前往上海，親自邀請和安排。幾個國家的戲劇家還一再來敲我寓所的門，希望我也能出點力。

他們找我是對的，因為我是黃佐臨先生的「鐵杆忘年交」。我為這件事與黃佐臨先生通了一次長途電話，他說，他稍感猶豫的不是身體，而是不知道這個會議的「內在等級」。

我說：「已經試探過了，來吧。」他就由女兒黃曉芹陪著，來了。

這一下轟動了那個國際會議，也轟動了新加坡。

新加坡外交部長恭敬拜見他，第一句就問：「您什麼時候來過新加坡？」

黃佐臨先生回答：「六十年前。」

外交部長很年輕，他把「六十年前」聽成了「六十年代」。這已使他覺得非常遙遠了，說：「六十年代？這離現在已經二十多年，真是太久太久了！」

黃佐臨先生一笑，說：「請您把時間再往前推四十年。」

部長迷糊了，卻以為是眼前的老人迷糊。我隨即解釋道：「黃先生於西元一九二五年到英國留學，路過新加坡。」

「六十年前？」部長終於搞清楚了，卻受了驚嚇。

我又接著說：「他到英國師從蕭伯納，那時，這位文豪剛剛獲得諾貝爾文學獎。等到告別的時候，蕭伯納已經是他今天的年齡了，八十歲。」

部長一聽又有點迷糊。這是我的故意，新加坡的官場話語總是太刻板，我想用長長的時間魔棍把談話氣氛攪活躍一些。儘管我隨口說出的內容，都沒有錯。

黃佐臨先生在那個國際會議上作了演講。主持人一報他的名字，全場起立鼓掌。他站起來走向演講台，頎長的身材，銀白的頭髮，穩健的步履，一種世界級的優雅。

他開口了，標準的倫敦英語，語速不快，用詞講究，略帶幽默，音色圓潤，婉轉堂皇。全場肅靜，就像在聆聽來自天國的指令。

在高層學術文化界，人們看重的是這位演講者本人，並不在乎他的國籍歸屬。西方那些著名的文化巨匠，大家都知道他們的作品、學派、觀點，卻常常說不準他是哪國人。就說黃佐臨先生的老師蕭伯納吧，究竟該算是愛爾蘭人，還是英國人？畢卡索，是西班牙人，還是法國人？愛因斯坦呢？……在文化上，偉大，總是表現為跨疆越界。這麼一想，我再回頭細細審視會場裡的聽眾，果然發現，大家都不分國籍地成了臺上這位優雅長者的虔誠學生。誰能相信，這位長者剛從中國的「文革」災難中走出？

那就請隨意聽幾句吧——

「在布萊希特之後，荒誕派把他宏大的哲理推向了一條條小巷子，好像走不通，卻走通了……」他平靜地說，台下都在埋頭刷刷地記。

「在演出方式上，請注意在戈登克雷他們的「整體戲劇」之後的「貧困戲劇」，我特別看重格洛道夫斯基。最近這幾年，最有學術含量的是戲劇人類學。中心，已從英國、波蘭移到了美國，紐約大學的理查・謝克納論述得不錯，但實驗不及歐洲……」

大家記錄得有點跟不上，他發現了，笑了笑，說：「有些術語和人名的拼寫，我會委託大會祕書處發給諸位。」

「請注意，二次大戰結束以來的西方戲劇學，看似費解而又雜亂，卻更能與東方古典戲劇接軌，因此這裡有巨大的交融空間和創造空間。日本對傳統戲劇保護得好，但把傳統僵化了。中國也想把傳統和創新結合，但是大多是行政意願和理論意願，缺少真正的大藝術家參與其間。印度，對此還未曾自覺……。」

大家還是在努力記錄。

總之，在這位優雅長者口中，幾乎沒有時間障礙，也沒有空間障礙。他講得那麼現代，很多專業資訊，連二十幾歲的新一代同行學人也跟不上。

三

當年黃佐臨先生告別蕭伯納回國，踏上了炮火連天的土地。幾經輾轉，最後落腳上海。他想來想去，自己能為「國難」所做的事，還是戲劇。

那時的上海，地位非常特殊。周圍已經被日本侵略軍占領了，但上海開埠以來逐一形成了英國、法國、美國的勢力範圍「租界」，日本與這些國家暫時還沒有完全翻臉，因此那些地方也就一度成了「孤島」。在「孤島」中，各地從炮火血泊中逃出來的藝術家們集合在一起，迸發出了前所未有的社會責任和創作激情。直到太平洋戰爭爆發後「孤島」淪陷，不少作品被禁，作者被捕，大家仍在堅持。這中間，黃佐臨，就是戲劇界的主要代表。

誰能想得到呢？就在國破家亡的巨大災難中，中國迎來了戲劇的黃金時代。這些戲，有的配合抗日，有的揭露暴虐，有的批判黑暗，有的則著眼於社會改造和精神重建。其中有很大一部分，則在藝術形式的國際化、民族化上作了探索。由於黃佐臨在英國接受過精湛的訓練，每次演出都具有生動的情節和鮮明的形象，大受觀眾歡迎。從我偶爾接觸到的零碎資料看，僅僅其中一個不算太重要的戲〈視察專員〉，四十天裡就演了七十七場。其他劇碼演出時的擁擠，也十分驚人。

請大家想一想，這麼多擠到劇場裡來的觀眾，當時正在承受著多麼危難的逃奔之苦。藝術的重大使命，就是在寒冷的亂世中溫暖人心。

藝術要溫暖人心，必須聚集真正的熱能。當時這些演出的藝術水準，從老藝術家們的記述來看，達到了後人難於企及的地步。別的不說，僅從表演一項，黃佐臨先生最常用的演員石揮，在當時就被譽為「話劇皇帝」。我們從一些影像資料中可以看出，直到今天，確實還沒有人能夠超越。除石揮外，黃佐臨先生手下的藝術隊伍堪稱龐大，開出名字來可以說是浩浩蕩蕩。

幾位很有見識的老藝術家在回憶當時看戲的感覺時寫道：「那些演出，好得不能再好」；「平生劇場所見，其時已歎為觀止」……

這又一次證明我的一個觀點：最高貴的藝術，未必出自巨額投入、官方重視、媒體操作，相反，往往是對惡劣環境的直接回答。藝術的最佳背景，不是金色，而是黑色。

那就讓我們通過劇名，掃描一下黃佐臨先生在那個時期創下的藝術偉績吧：〈邊城故事〉、〈小城故事〉、〈妙峰山〉、〈蛻變〉、〈圓謊記〉、〈阿Q正傳〉、〈荒島英雄〉、〈大馬戲團〉、〈樑上君子〉、〈亂世英雄〉、〈秋〉、〈金小玉〉、〈天羅地網〉、〈稱心如意〉、〈視察專員〉……，可能還很不全。

如果國際間有誰在撰寫藝術史的時候要尋找一個例證，說明人類能在烽煙滾滾的亂世中營造出最精采的藝術殿堂，那麼，我必須向他建議，請留意那個時候的上海，請留意黃佐臨。

我相信，在那漫長的日子裡，黃佐臨先生會經常記起他離開英國時與蕭伯納的對話。那就讓我們在知道了黃佐臨先生回國後所做出的驚人業績後，再重溫一下吧——

蕭伯納：「回國？……那兒已經是戰場，仗會愈打愈大。你不是將軍，也不是士兵，回去幹什麼？」

黃佐臨：「我們中國人遇到這樣的事情，多數會回去。我不是將軍，但是也算是士兵。」

當然，更值得重溫的是那段題詞：

起來，中國！東方世界的未來是你們的。

如果你有毅力和勇氣，那麼，使未來的盛典更壯觀的，將是中國戲劇。

四

黃佐臨先生終於迎來了一九四九年。對於革命，對於新政權，作為一個早就積壓了社會改革訴求，又充滿著浪漫主義幻想的藝術家來說，幾乎沒有任何抵拒就接受了。他表現積極，心態樂觀，很想多排演一些新政權所需要的劇碼，哪怕帶有一些「宣傳」氣息也不在乎。

但是，有一些事情讓他傷心了。他晚年，與我談得最多的就是那些事情。談的時候，總是撇開眾人，把我招呼在一個角落，好一會兒不說話。我知道，又是這個話題了。

原來，他從英國回來後引領的戲劇活動，沒有完全接受共產黨地下組織的收編。他當然知道，共產黨地下組織也在組織類似的文化活動，其中也有一些不錯的文化人。但他把他們看作文化上的同道，自己卻不願意參與政治派別。不僅是共產黨，也包括國民黨。

我不知道共產黨的地下組織為了爭取他做過多少工作，看來都沒有怎麼奏效，因此最後派了一個地下黨員李德倫「潛伏」到了他的劇團裡。在很多年後，這位已經成了著名音樂指揮家的李德倫先生坦陳：「我沒有爭取到他，他反而以人格魅力和藝術魅力，把我爭取了。」

一九四九年之後，當年共產黨地下組織的文化人理所當然地成了上海乃至全國文化界的領導，他們對黃佐臨長期以來「只問抗戰，不問政黨；只做藝術，不做工具」的「頑固性」，印象深刻。因此，不管他怎麼積極，也只把他當作「同路人」而不是「自己人」。

這種思維，甚至一直延續到「文革」之後的新時期。很多文史資料彙集、現代戲劇史、抗戰文化史、上海史方面的諸多著作，對黃佐臨先生的重大貢獻，涉及不多，甚至還會轉彎抹角地予以貶低。這中間，牽涉到一些我們尊敬的革命文化人。

黃佐臨先生曾小聲地對我說：「夏衍氣量大一點，對我還可以。于伶先生和他的戰友，包括文革結束後出任宣傳部長的王元化先生等等，就比較堅持他們地下鬥爭時的原則，對我比較冷漠。」

除了這筆歷史舊賬之外，他還遇到了一個更糟糕的環境。一九四九年之後的中國戲劇界，論導演，一般稱之為「北焦南黃」。「北焦」，是指北京藝術劇院的焦菊隱先生。由於當時北京集中了不少文化高端人士，文化氣氛比較正常，焦菊隱先生與老舍、曹禺、郭沫若等戲劇家合作，成果連連。而「南黃」，也就是上海的黃佐臨先生，卻遇到了由上海最高領導柯慶施和他在宣傳、文化領域的幹將張春橋、姚文元等人組成的「極左思潮症候群」。

我聽謝晉導演說，有一次柯慶施破例來看黃佐臨新排的一台戲，沒等看完，就鐵青著臉站起身來走了，黃佐臨不知所措。

還有一次，黃佐臨導演了一台由工人作者寫的戲，戲很一般，但導演手法十分精采，沒想到立即傳來張春橋、姚文元對報紙的指示：只宣傳作者，不宣傳導演。

於是，當「北焦」紅得發「焦」的時候，「南黃」真的「黃」了。

黃佐臨在承受了一次次委屈之後，自問：「我的委屈來自何方？」答案是：「我怎麼又在乎政治了！」

於是，他找回了從英國回來後的那份尊嚴。「不管他們怎麼說，我還是回到藝術。」

黃佐臨退出了人們的視野。上海的報紙，更願意報導北京的焦菊隱，更願意報導越劇、滬劇、淮劇，這些實在有待於黃佐臨先生指點後才有可能脫胎換骨的地方戲曲。

真正國際等級的藝術巨匠在做什麼？想什麼？匆匆的街市茫然不知，也不想知道。

正在這時，由政治狂熱和自然災害共同造成的大饑荒開始了。上海，一座饑餓中的城市，面黃肌瘦。

在饑荒中，還會有像樣的藝術行為嗎？誰也不敢奢想。

完全出乎人們的意料之外，一九六二年四月二十五日，北京的《人民日報》發表了黃佐臨先生的〈漫談「戲劇觀」〉一文。雖然題目起得很謙虛，但這是一座現代世界戲劇學上的里程碑。突然屹立在人們眼前，大家都缺少思想準備。

這篇文章所建立的思維大架構，與當時當地的文化現實完全格格不入，卻立即進入了國際學術視野。

這正像，獅王起身，遠山震懾，而它身邊的燕雀魚蛙卻完全無感。

須知，當時的多數中國文人，還在津津樂道階級鬥爭。如果要說戲劇觀，也只有無產階級和資產階級兩種，並已經簡稱為「香花」和「毒草」。因此，對於黃佐臨先生用淺顯白話文寫出來的文字，讀起來卻非常隔閡了。

那麼，我不能不以國際學術標準來審視他當時的理論成就了。

一，以「造成幻覺」和「打破幻覺」來概括人類戲劇史，是一種化繁為簡的高度提煉，屬一流理論成果。

二，借用法國柔璉「第四堵牆」的概念來劃分「幻覺」內外，使上述提煉獲得了一個形象化的概念依託，精確而又有力度。

三，以打破「幻覺」和「第四堵牆」來引出布萊希特，使這位德國戲劇家的「創新功能」上升為「歷史斷代功能」。

四，以斯坦尼斯拉夫斯基、布萊希特、梅蘭芳來標誌二十世紀人類的三個戲劇觀，理論氣度廣遠，道前人所未道，卻非常切合戲劇實際。提出至今，國際上未見重大異議。

五，以三大戲劇觀過渡到「寫意戲劇觀」，是一個重大的美學創造。現在，已經成為戲劇界一種通用的工作用語。這在現代文藝的理論建設上，是一個奇蹟。

鳥瞰世界，概括世界，又被世界接受，這樣的理論成果，歷來罕見。

記住了，一九六二年四月二十五日，這是天上的哲學之神、藝術之神都在低頭注視中國、注視上海的日子。

我實在想不起，幾十年來，全中國的藝術理論，不，全中國的所有文化理論，有哪一項成果，能超過它。

我問過很多文化人、理論家。他們想了好久，找了好久，排了好久，最後都搖頭，說：「確實找不到一項。」

那麼，我又要提醒大家，就在這個日子的兩個星期之後，一九六二年五月九日，上海的另一位文化巨匠巴金，將有一個發言，題為「作家的勇氣和責任心」，一針見血地指出了阻礙中國文學發展的主要障礙是「棍子」。實踐證明，那是對「文革」災難的預言。

一九六二年的晚春季節，上海顯得那麼光輝。大創建、大發現、大判斷、大預言，居然一起出現。

光輝之強，使整整半個世紀之後的今天還覺得有點刺眼，因此大家故意視而不見，就像從來沒有發生過這樣的事一樣。

若問今日媒體：五十年前，這個城市出現過什麼值得記憶的文化人物和文化事件？答案可能是兩首廣泛宣傳的歌曲，三段市井聽熟的唱詞，一堆人人皆知的明星。

當然，還可能排出幾個據稱博學、卻不屑寫文章發表自己見解的教授。不管再怎麼排，也挨不到黃佐臨的文章，巴金的發言。

五

黃佐臨先生在「文革」中的遭遇，我不想多說。理由是，他自己也不想多說。對這類事情我早有經驗：受苦最深的人最不想說，說得最多的人一定受苦不多，說得高調的人一定是讓別人受了苦。

在不想說的人中，也有區別。在我看來，同樣是悲劇，巴金把悲劇化作了崇高，而黃佐臨則把悲劇化作了喜劇。或者說，巴金提煉了悲劇，黃佐臨看穿了悲劇。看穿的結果，是發笑。

他的幾個女兒都給我講過他在「文革」中嘲弄造反派歹徒而對方卻不知道被嘲弄的很多趣事。有幾次講的時候他在場，但他不僅沒有攙和，反而輕輕搖頭阻止。

不管怎麼說，他對那場災難的最終思維成果是非常嚴肅的，那就是對知識份子心靈的拷問。「文革」結束後不久，他到北京，導演了布萊希特名作「伽利略傳」（與陳顒合作）。

當時，為了撥亂反正，全國科學大會剛剛召開，知識份子在業務上應該有馳騁的空間了，但他們在精神上能不能建立尊嚴？「伽利略傳」及時地提出了這個問題，一時震動了整個京城。

人們說，從來沒見過一部戲能夠在關鍵時刻如此搖撼人們的靈魂深處。又說，這是「科學大會」的續篇，只不過這個「大會」在全國知識份子的心底召開。

「北焦」已逝，「南黃」北上，京城一驚，名不虛傳！

從北京回上海之後，黃佐臨先生決心加緊努力，在「寫意戲劇觀」的基礎上推進「民族演劇體系」的建設。他如饑似渴地學習和探索，從事一個個最前衛的藝術實驗，幾乎讓人忘了，他已經快要八十歲。

那年月，我見過很多「劫後餘生」的前輩學者，溫厚老成，令人尊敬，但思維都已嚴重滯後。沒有一個能像黃佐臨先生那樣，依然站在國際藝術的第一線，鑽研各種新興流派，生命勃發，甚至青春爛漫。

那時候的他，變得比過去任何時候都「帥」，渾身上下都散發著一種無與倫比的光輝。

他的女兒黃蜀芹導演說，一位中年的蘇聯女學者尼娜告訴她：「哎呀，我簡直是愛上你爸爸了，很少見到像他這樣高貴、有氣質的！」尼娜看來是真的愛上了，因此到處對別人這樣宣稱，終於傳到了黃佐臨先生耳朵裡。他回應道：「那好啊，中蘇友好有指望了！」

老年男子變「帥」，一定是進入了一個足以歸結一生的美好創造過程。

我在《霜冷長河》一書中對「老年是詩的年歲」的判斷，主要來自於對他的長期觀察。

當時，我的每一部學術著作出版，他都會在很短時間內讀完。我曾經估計，他可能更能接受我的《世界經典戲劇學》、《中國戲劇史》這樣的書，卻未必能首肯《觀眾心理美學》（初版名《戲劇審美心理學》）。因為《觀眾心理美學》幾乎否認了自古以來一系列最權威的藝術教條，只從觀眾接受心理上尋找創作規則。這對前輩藝術家來說，有一種顛覆性的破壞力。沒想到，這部書出版才一個月，他的女兒交給我一封他寫的長信。

他在信裡快樂地說：「讀完那本書才知道，自己一輩子都在摸索著觀眾心理美學。這情景，莫里哀在《貴人迷》裡已經寫到，那個一心想做貴族的土人花錢請老師來教文學，知道不押韻的文章叫散文，終於驚歎道：原來我從小天天都在講散文！」

他說：「我就是那個土人，不小心符合了觀眾心理美學。」然後，他又在幾個藝術關節上與我作了詳盡探討。

這樣的老者太有魅力了，我怎麼能不盡量與他多交往呢？

他也願意與我在一起。就連家裡來了外國藝術家，或別人送來了螃蟹什麼的，他都會邀我去吃飯。他終於在餐桌上知道我能做菜，而且做得不錯，就一再鼓動我開一個「余教授餐廳」，專供上海文化界。他替我「坐堂」一星期，看生意好不好，如果不太好，他再坐下去。

後來，他又興致勃勃地給我講過一個新構思的「戲劇巡遊計畫」。選二十台最好的戲，安排在二十輛大貨車上作片段演出，一個城市、一個城市輪著走。他每次講這個計畫的時候，都會激動得滿臉通紅。

他說，劇場是死的，車是活的，古希臘沒有汽車，我們現在有了，以前歐洲不少城市也這麼做過。但是，當我一潑冷水，說根本選不出「二十台最好的戲」，他想一想，點了點頭，也就苦惱了。這個過程多次重複，使我相信，大藝術家就是孩子。

交往再多，真正的「緊密合作」卻只有一次，時間倒是不短。

那是上世紀八十年代中期的事吧，上海文化界也開始要評「職稱」了。這是一件要打破頭的麻煩事，官員們都不敢涉足。其實他們自己也想參評，於是要找兩個能夠「擺得平」的人來主事。這兩個人，就是黃佐臨先生和我。

經過多方協調，他和我一起被任命為「上海文化界高級職稱評審委員會」的「雙主任」。我說，不能「雙主任」，只能由黃佐臨先生掛帥，我做副主任。但黃佐臨先生解釋說，他也是文化界中人，而我則可以算是教育界的，又在負責評審各大學的文科教授，說起來比較客觀。因此，「雙主任」是他的提議。但是，我仍然堅持自己的意見。

在評審過程中，黃佐臨先生的品格充分展現。他表面上講話很少，心裡卻什麼都明白。

例如，對於一九四九年之後歷次政治運動中的「整人幹將」，不管官職多高，名聲多大，他都不贊成給予高級職稱。有一個從延安時代過來的「院長」，很老的資格，不小的官職，也來申報。按慣例，必然通過，但評審委員會的諸多委員們沉默了。黃佐臨先生在討論時只用《哈姆雷特》式的臺詞輕輕說了一句：「搞作品，還是搞人？這是個問題。」過後投票，沒有通過。

上海文化界不大，有資格申報高級職稱的人，大家都認識。對於其中那些「文革」中的造反派首領和積極分子，怎麼辦？黃佐臨先生說：「我們不是政治審查者，只評業務。但是，藝術怎麼離得開人格？」

我跟著說：「如果痛改前非，業務上又很強，今後也可以考慮。但現在，觀察的時間還不夠。」因此，這樣的人在我們評的第一屆，都沒有上去。

對於「革命樣板戲」劇團的演員，黃佐臨先生覺得也不必急著評，以後再說。「那十年的極度風光，責任不在他們。但他們應該知道，當時他們的同行們在受著什麼樣的煎熬，不能裝作沒看見。」他說。

對於地方戲曲的從業人員，黃佐臨先生和我都主張不能在職稱評定上給予特殊照顧。他認為，這些名演員已經擁有不少榮譽，不能什麼都要。這是評定職稱，必須衡量文化水準、創新等級、理性能力。

我則認為，上海的地方戲曲在整體上水準不高，在風格上缺少力度。那些所謂「流派」，只是當年一些年輕藝人的個人演唱特點，其中有不少是缺點。如果我們的認識亂了，今後就會愈來愈亂。

那年月，文化理智明晰，藝術高低清楚，實在讓人懷念。出乎意料的是，當時被我們擱置的那些人，現在有不少已經上升為「藝術泰斗」、「城市脊樑」。我估計，黃佐臨先生的在天之靈又在朗誦《哈姆雷特》了：

「泰斗，還是太逗？這是個問題。」

「脊樑，還是伎倆？這又是個問題。」

就在那次職稱評定後不久，國家文化部在我所在的上海戲劇學院經過三次「民意測驗」，我均排名第一，便順勢任命我出任院長。

黃佐臨先生聽說後，立即向媒體發表了那著名的四字感歎：可喜，可惜！

上海電視臺的記者祁鳴問他：「何謂可喜？」

他說：「文革十年，把人與人的關係都撕爛了。這位老兄能在十年後獲得本單位三次民意測驗第一，絕無僅有，實在可喜。文化部總算尊重民意了，也算可喜。」

記者又問：「何謂可惜？」

他說：「這是一個不小的行政職務，正廳級，但只適合那些懂一點藝術又不是太懂、懂一點理論又不是太懂的人來做。這位老兄在藝術和學術上的雙重天分，耗在行政上，還不可惜？」

他的這些談話，當時通過報紙廣為流傳。他稱我「老兄」，其實我比他小了整整四十歲。但我已經沒有時間與他開玩笑了，連猶豫的空間也不存在，必須走馬上任，一耗六年。

這六年，我不斷地重溫著「可喜，可惜」這四個字。時間一久，後面這兩個字的份量漸漸加重，成了引導我必然辭職的咒語。六年過去，終於辭職成功。那一年，他已經八十五歲了；而我，也已經四十五歲。

六

原以為辭職會帶來輕鬆，我可以在長煙大漠間遠行千里了。但實際情況並非如此。上海，從一些奇怪的角落伸出了一雙雙手，把我拽住了。

這是怎麼回事？

原來上海一些文人聰明，想在社會大轉型中通過顛覆名人來讓自己成名。但他們又膽小，不敢觸碰有權的名人。於是，等我一辭職，「有名無權」了，就成了他們的目標。正好，在職稱評定中被我簽字「否決」的申報者，也找到了吐一口氣的機會。於是，我被大規模「圍啄」。

我這個人什麼也不怕，卻為中國文化擔憂起來。我們以前多少年的黑夜尋火、鞭下搏鬥，不就是爭取一種健康的「無傷害文化」嗎，怎麼結果是這樣？

那天，我走進宿舍，在門房取出一些信件。其中有一封特別厚，我就拿起來看是誰寄來的。

一看就緊張了。寄自華東醫院東樓的一個病床，而那字跡，我是那麼熟悉！

這才想到，黃佐臨先生住在醫院裡。我去探望過，卻又有很長時間沒去了。趕快回家，關門，坐下，打開那封厚厚的信。

於是，我讀到了——

秋雨：

去年有一天，作曲家沈立群教授興致勃勃地跑到我家，上氣不接下氣地告訴我，有精品出現了！她剛從合肥回來，放下行李便跑來通報這個喜訊。她說最後一場戲，馬蘭哭得唱不下去了，在觀眾席看彩排的省委領導人哭得也看不下去了，而這場戲則是你老兄開了個通宵趕寫出來的。

我聽了高興得不得了。興奮之餘，我與沈立群教授的話題便轉到了我國今後歌劇的發展上來。沈說，京、昆音樂結構太嚴謹，給作曲家許多束縛，而黃梅戲的音樂本身就很優美而且又給予作曲家許多發揮餘地。今後我國新歌劇，應從這個劇種攻克。

對種種「風波」，時有所聞，也十分注意。倒不是擔心你老兄——樹大必招風，風過樹還在；我發愁的乃是當前中國文化界的風氣。好不容易出現一、二部絕頂好作品，為什麼總是跟著「風波」？真是令人痛心不已。

對於你老兄，我只有三句話相贈。這三句話，來自我的老師蕭伯納。一九三七年「七七」事變後三天我去他公寓辭別，親眼看到他在壁爐上鐫刻著的三句話：

他們罵啦，

罵些什麼？

讓他們罵去！

你能說他真的不在乎罵嗎？不見得，否則為什麼還要鐫刻在壁爐上頭呢？我認為，這只說明這個怪老頭子有足夠的自信力罷了。

所以我希望你老兄不要（當然也不至於）受種種「風波」的干擾。集中精力從事文化考察和寫作，那才是真正的文化。

我這次住院，已經三個月了。原來CT後發現腦血管有黑點，經過三個療程點滴後，已覺得好些。但目前主要矛盾是心臟早博、房顫（心律不整、心房顫動），仍在治療中。今年已經八十七歲，然而還不知老之將至，還幻想著要寫一部書《世界最好的戲劇從來就是寫意的》。你說，太「自不量力」不？

祝你考察和寫作順利。

佐臨

華東醫院東樓十五樓十六床

一九九三・五・二十一

需要說明的是，他引用蕭伯納壁爐上的三句話，在信上是先寫英文，再譯成中文的。三句英文為：

They have said.

What said they?

Let them say!

這立即讓我想到五十六年前他離開蕭伯納寓所時的情景，他在新加坡給我描述過。

幾句話，漂洋過海，歷盡滄桑，居然又被一個病榻上的老者撿起，顫顫巍巍地寫給了我。我，承接得那麼沉重，又突然感到喜悅。

Let them say!

這句簡短的英文，成了我後來渡過重重黑水的木筏。從此，一路上變得高興起來，因為這個木筏的打造者和贈送者，是蕭伯納和黃佐臨。他們都是喜劇中人，笑得那麼燦爛。

黃佐臨先生在寫完這封信的第二年，就去世了。

站在他的人生句號上一點點回想，誰都會發現，他這一生，實在精采。

你看，我們不妨再歸納幾句：

「七七事變」後第三天告別蕭伯納「赴國難」；

在國難中開創上海戲劇和中國戲劇的黃金時代；

二十年後，在另一番艱難歲月中發表了世界三大戲劇觀的宏偉高論，震動國際；

等災難過去，北上京城，在劇場裡拷問知識份子的心靈；

最後，展開一個童心未泯、又萬人欽慕的高貴晚年……。

我想不出，在他之前或之後，還有哪一位中國藝術巨匠，擁有這麼完滿而美好的人生。

對他，我知道不能僅僅表達個人化的感謝。他讓中國戲劇、中國藝術、中國文化、中國人，多了一份驕傲的理由。他是一座孤岸的高峰，卻讓磕磕絆絆的中華現代文化大船，多了一支桅杆。這支桅杆，櫛風沐雨，直指雲天，遠近都能看見。

現在，很多人已經不知道他的名字了，這不是他的遺憾。

我聽從他的遺言，從來不對別人的說三道四稍作辯駁。但是，前兩年，紀念中國話劇一百週年，幾乎所有的文章都沒有提黃佐臨的名字，大家只把紀念集中在北京人藝和「茶館」上，我就忍不住了。當然，「茶館」這個戲不錯，尤其是第一場和最後結尾。但是，這可是紀念百年的風雲史詩啊，怎麼可以這樣！

我終於寫了文章，說：「看到一部丟失了黃佐臨的中國話劇史，連焦菊隱、曹禺、田漢、老舍的在天之靈都會驚慌失措。歷史就像一件舊家具，抽掉了一個重要環扣就會全盤散架。」

對不起，黃佐臨先生，這一次我沒有尊重您的遺言：Let them say!

二〇一二年四月十四日

巴金百年

一

在當代華人學者中，我也算是應邀到世界各地演講最多的人之一吧？但我每次都要求邀請者，不向國內報導。原因，就不說了。

在邀請的眾多城市中，有一座我很少答應，那就是我生活的上海。原因，也不說了。

但是，二〇〇四年十一月十七日，我破例接受邀請，在外灘的上海檔案館演講。原因是，八天後，正是巴金百歲壽辰。

慶祝百年大壽，本該有一個隆重的儀式，親友如雲，讀者如潮，高官紛至，敬禮有加。這樣做，雖也完全應該，卻總免不了騷擾住在醫院裡那位特別樸素又特別喜歡安靜的老人。不知是誰出的主意，只讓幾個文人在黃浦江邊花幾天時間細細地談老人。而且，是在檔案館，似乎在提醒這座已經不太明白文化是什麼的城市，至少有一種文化，與江邊這些不受海風侵蝕的花崗岩有關，與百年沉澱有關。

由我開場。在我之後，作家冰心的女兒吳青、巴金的侄子李致、巴金的研究者陳思和，都是很好的學者，會連著一天天講下去。講完，就是壽辰了。

沒想到來的聽眾那麼多，而且來了都那麼安靜，連走路、落座都輕手輕腳。我在臺上向下一看，巴金的家裡人，下一輩、再下一輩，包括他經常寫到的端端，都坐在第一排。我與他們都熟，投去一個微笑，他們也都朝我輕輕點了點頭。有他們在，我就知道該用什麼語調開口了。

二

家人對於老人，容易「熟視無睹」。彼此太熟悉了，忘了他給世界帶來的陌生和特殊。

因此，我一開口就說，請大家凝視屏息，對巴金的百歲高齡再添一份神聖的心情。理由，不是一般的尊老，而是出於下面這些年齡排列——

中國古代第一流文學家的年齡：
活到四十多歲的，有曹雪芹、柳宗元；
活到五十多歲的，有司馬遷、韓愈；
活到六十多歲的多了，有屈原、陶淵明、李白、蘇軾、辛棄疾；
活到七十多歲的不多，有蒲松齡、李清照；
活到八十多歲，現在想起來的，只有陸游。

擴大視野，世界上，活到五十多歲的第一流文學家，有但丁、巴爾扎克、莎士比亞、狄更斯；
活到六十多歲的，有薄伽丘、塞萬提斯、左拉、海明威；
活到七十多歲的，有小仲馬、馬克·吐溫、沙特、川端康成、羅曼·羅蘭；

活到八十多歲的，有歌德、雨果、托爾斯泰、泰戈爾；

活到九十多歲的，有蕭伯納。

在中外第一流的文學家之後，我又縮小範圍，拉近時間，對於中國現代作家的年齡也作了一個統計。

活到七十多歲的，有張愛玲、張恨水；

活到八十多歲的，有周作人、郭沫若、茅盾、丁玲、沈從文、林語堂；

活到九十多歲的，有葉聖陶、夏衍、冰心。

我的記憶可能有誤，沒時間一一核對了。但在演講現場，我把這麼多名字挨個兒一說，大家的表情果然更加莊嚴起來。

這個名單裡沒有巴金，但巴金卻是終點。因此，所有的古今中外作家都轉過身來，一起都注視著這個中國老人。至少到我演講的這一刻，他是第一名。

傑出作家的長壽，與別人的長壽不一樣。他們讓逝去的時間留駐，讓枯萎的時間返綠，讓冷卻的時間轉暖。一個重要作家的離去，是一種已經泛化了的社會目光的關閉，也是一種已經被習慣了的情感方式的中斷，這種失落不可挽回。我們不妨大膽設想一下：如果能讓司馬遷看到漢朝的崩潰，曹雪芹看到辛亥革命，魯迅看到「文革」，將會產生多麼大的思維碰撞！他們的反應，大家無法揣測，但他們的目光，大家都已熟悉。

巴金的重要，首先是他敏感地看了一個世紀。這一個世紀的中國，發生多少讓人不敢看又不能不看、看不懂又不必要懂、不相信又不得不信的事情啊。但人們深陷困惑的時候，突然會想起還有一些目光和頭腦與自己同時存在。存在最久的，就是他，巴金。

三

巴金的目光省察著百年。

百年的目光也省察著巴金。

巴金的目光是五四新文化運動所留下的最溫和的目光。在最不需要溫和的中國現代，這裡所說的「最溫和」，長期被看成是一種落後存在。

巴金在本質上不是革命者，儘管他年輕時曾著迷過無政府主義的社會改革。從長遠看，他不可能像李大釗、陳獨秀、郭沫若、茅盾、丁玲他們那樣以文化人的身分在革命佇列中衝鋒陷陣。他也會充滿熱情地關注他們，並在一定程度上追隨他們，但他的思想本質，卻是人道主義。

巴金也不是魯迅。他不會對歷史和時代作出高屋建瓴的概括和批判，也不會用「匕首和投槍」進攻自己認為的敵人。他不作驚世之斷，不吐警策之語，也不發荒原吶喊，永遠只會用不高的音調傾訴誠懇的內心。

巴金又不是胡適、林語堂、徐志摩、錢鍾書這樣的「西派作家」。他對世界文化潮流並不陌生，但從未領受過中國現代崇洋心理的仰望，從未沾染過絲毫哪怕是變了樣的「文化貴族」色彩，基本上只一種樸實的本土存在。

上述這幾方面與巴金不同的文化人，都很優秀，可惜他們的作品都不容易通過閱讀在當時的中國社會有效普及。當時真正流行的，是「鴛鴦蝴蝶派」、「星期六派」、武俠小說、黑幕小說。現在很多年輕人都以為，當時魯迅的作品應該已經很流行。其實不是，只要查一查發行量就知道了。在文盲率極高的時代，比例很小的「能閱讀群體」中的多數，也只是「粗通文墨」而已，能從什麼地方撿到幾本言情小說、武俠小說讀讀，已經非常「文化」。今天的研究者們所說的「深刻」與否，與那個時候的實際接受狀態關係不大。在這種情況下，巴金就顯得很重要。

巴金成功地在「深刻」和「普及」之間搭建了一座橋樑，讓五四新文化運動中反封建、求新生、倡自由、爭人道的思想啟蒙，通過家庭糾紛和命運掙扎，變成了流行。流行了，又不媚俗，不降低，在精神上變成了一種能讓當時很多年輕人「夠得著」的正義，這就不容易了。

中國現代文學史有一個共同的遺憾，那就是，很多長壽的作家並沒有把自己的重量延續到中年之後，他們的光亮僅僅集中在青年時代。尤其在二十世紀中期的一場社會大變革之後，他們中有的人捲入到地位很高卻又徒有虛名的行政事務之中，有的人則因為找不到自己與時代的對話方式而選擇了沉默。巴金在文學界的很多朋友，都是這樣。

完全出人意料，巴金，也僅僅是巴金，在他人生的中點上，又創造了與以前完全不同的新光亮。他，擁有了一九六二年五月九日。一個看似普通的發言，改變了他整個後半生，直到今天。

就在這個重大轉折的一年之後，我見到了他。

因此，我的這篇文章，接下來就要換一種寫法了。

四

我是十七歲那年見到巴金的。他的女兒李小林與我是同班同學，我們的老師盛鐘健先生帶著我和別的人，到他們家裡去。

那天巴金顯得高興而輕鬆，當時他已經五十九歲，第一次親自在家裡接待女兒進大學後的老師和同學。以前當然也會有小學、中學的老師和同學來訪，大概都是他的妻子蕭珊招呼了。

武康路一一三號，一個舒適的庭院，被深秋的草樹掩蔭著，很安靜。大門朝西，門裡掛著一個不小的信箱，門上開了一條窄窄的信箱口。二十幾年之後，我的《文化苦旅》、《山居筆記》、《霜冷長河》等書籍的每一篇稿子，都將通過這個信箱出現在海內外讀者面前。那天下午當然毫無這種預感，我只在離開時用手指彈了一下信箱，看是鐵皮的，還是木頭的。

巴金、蕭珊夫婦客氣地送我們到大門口。他們的笑容，在夕陽的映照下讓人難忘。

我們走出一程，那門才悄悄關上。盛鐘健老師隨即對我說：「這麼和藹可親的人，該說話的時候還很勇敢。去年在上海文代會上的一個發言，直到今天還受到非難。」

「什麼發言？」我問。

「你可以到圖書館找來讀一讀。」盛老師說。

當天晚上我就在圖書館閱覽室裡找到了這個發言。

發言中有這樣一段話——

我有點害怕那些一手拿框框、一手捏棍子到處找毛病的人，固然我不會看見棍子就縮回頭，但是棍子挨多了，腦筋會震壞的。碰上了他們，麻煩就多了。我不是在開玩笑。在我們社會裡有這樣一種人，人數很少，你平時看不見他們，也不知道他們在幹什麼，但是你一開口，一拿筆，他們就出現了。

他們歡喜製造簡單的框框，也滿足於自己製造出來的這些框框，更願意把人們都套在他們的框框裡頭。

倘使有人不肯鑽進他們的框框裡去，倘使別人的花園裡多開了幾種花，窗前樹上多有幾聲鳥叫，倘使他們聽見新鮮的歌聲，看到沒有見慣的文章，他們會怒火上升，高舉棍棒，來一個迎頭痛擊。……

他們人數雖少，可是他們聲勢浩大，寄稿製造輿論，他們會到處發表意見，到處寄信，到處抓別人的辮子，給別人戴帽子，然後到處亂打棍子，把有些作者整得提心吊膽，失掉了雄心壯志。

據老人們回憶，當時上海文化界的與會者，聽巴金講這段話的時候都立即肅靜，想舉手鼓掌，卻又把手掌抬起來，捂住了嘴。只有少數幾個大膽而貼心的朋友，在休息時暗暗給巴金豎大拇指，但動作很快，就把大拇指放下了。

為什麼會這樣？從具體原因看，當時上海文化界的人都從巴金的發言中立即想到了「大批判棍子」姚文元，又知道他的後面是張春橋，張的後面是上海的市委書記柯慶施。這條線，巴金應該是知道的，所以他很勇敢。

但是，我後來在長期的實際遭遇中一次次回憶巴金的發言，才漸漸明白他的話具有更普遍的意義。一個城市在某個時間出現姚文元、張春橋這樣的人畢竟有點偶然，但巴金的話卻不偶然，即使到中國別的城市，即使到今天，也仍然適用。

讓我們在五十年後再把巴金的論述分解成一些基本要點來看一看——

第一，使中國作家提心吊膽、失掉雄心壯志的，是一股非常特殊的力量，可以簡稱為「棍子」，也就是「那些一手拿框框、一手捏棍子到處找毛病的人」。

第二，這些人的行為方式分為五步：自己製造框框；把別人套在裡邊；根據框框抓辮子；根據辮子戴帽子；然後，亂打棍子。

第三，這些人具有蟄伏性、隱潛性、模糊性，即「平時看不見他們，也不知道他們在幹什麼」。他們的專業定位，更是不可認真尋訪。

第四，這些人嗅覺靈敏，出手迅捷。只要看到哪個作家一開口，一拿筆，他們便立即舉起棍子，絕不拖延。

第五，這些人數量很少，卻聲勢浩大，也就是有能力用棍子占據了全部傳播管道。在製造輿論上，他們是什麼都做得出來的狼群。

第六，這些人口頭上說得很堂皇，但實際的原始動力，只是出於嫉妒的破壞欲望：「倘使別人的花園裡多開了幾種花，窗前樹上多有幾聲鳥叫，倘使他們聽見新鮮的歌聲，看到沒有見慣的文章，他們會怒火上升，高舉棍棒，來一個迎頭痛擊」。

第七，儘管只是出於嫉妒的破壞欲望，但由於這些人表現出「怒火」，表現出「高舉」，表現出「痛擊」，很像代表正義，因此只要碰上，就會造成很多麻煩，使人腦筋震壞。中國文化界的暴虐和膽怯，皆由此而來。

以上七點，巴金在一九六二年五月九日已經用平順而幽默的語氣全都表述了，今天重溫，仍然深深佩服。因為隔了那麼久，似乎一切已變，姚文元、張春橋也早已不在人世，但這些「棍子」依然活著，而且還有大幅度膨脹之勢。

巴金的發言還隱藏著一個悖論，必須引起當代智者的嚴肅關注——

他是代表著受害者講話的，但乍一看，他的名聲遠比「棍子」們大，他擔任著上海作家協會主席，當然稿酬也比「棍子」們多，處處似乎屬於「強者」，而「棍子」們則是「弱者」。但奇怪的現象發生了：為什麼高舉著棍棒揮舞的「弱者」雙手，總是那麼強蠻兇狠？為什麼顫慄於棍棒之下的「強者」生靈，總是那麼羸弱無助？

這個深刻的悖論，直指後來的「文革」本質，也直指今天的文壇生態。

其實，中國現代很多災難都起始於這種「強弱渦漩」。正是這種「似強實弱」、「似弱實強」的倒置式漩渦，為剝奪、搶劫、嫉恨，留出了邪惡的輿論空間和行動空間。這就在社會上，形成了以民粹主義為基礎的「菁英淘汰制」；在文化上，形成了以文痞主義為基礎的「傳媒暴力幫」。

巴金憑著切身感受，先人一步地指出了這一點，而且說得一針見血。

就在巴金發言的兩個星期之後，一九六二年五月二十五日，美聯社從香港發出了一個電訊。於是，大麻煩就來了。

美聯社的電訊稿說：

巴金五月九日在上海市文學藝術家第二次代表大會上說：缺乏言論自由正在扼殺中國文學的發展。

他說：「害怕批評和自責」使得許多中國作家，包括他本人在內，成為閒人，他們主要關心的就是「避免犯錯誤」。

巴金一向是多產作家，他在共產黨征服中國以前寫的小說在今天中國以及在東南亞華僑當中仍然極受歡迎。但是在過去十三年中，他沒有寫出什麼值得注意的東西。……

這位作家說，看來沒有人知道「手拿框子和棍子的人們」來自何方，「但是，只要你一開口，一拿筆，他們就出現了」。

他說：「這些人在作家當中產生了恐懼。」

這位作家要求他自己和其他作家鼓起充分的勇氣，來擺脫這樣的恐懼，寫出一些具有創造性的東西。

美聯社的電訊稿中還說，當時北京的領導顯然不贊成巴金的發言，證據是所有全國性的文藝刊物都沒有刊登或報導這個發言。原來美聯社的電訊晚發了兩個星期，是在等這個。

美聯社這個電訊，姚文元、張春橋等人都看到了。於是，巴金成了「為帝國主義攻擊中國提供炮彈的人」。

那麼，我那天與盛鐘健老師等人一起進入的院子，居然是「炮彈庫」。

五

姚文元、張春橋他們顯然對巴金的發言耿耿於懷，如芒在背。幾年後他們被提升為惡名昭著的「中央文革小組」要員，權勢熏天，卻一再自稱為「無產階級的金棍子」。「棍子」，是巴金在發言中對他們的稱呼，他們接過去了，鍍了一層金。

我一直認為，文革運動，也就是「棍子運動」。

巴金幾年前的論述，被千萬倍地實現了。中國大地，除了棍子，還是棍子。揭發的棍子、誹謗的棍子、誣陷的棍子、批鬥的棍子、聲討的棍子、圍毆的棍子……，整個兒是一個棍子世界。

幾年前唯一對棍子提出預警的巴金，剎那間顯得非常偉大。但他自己，卻理所當然地被棍子包圍。那扇我記憶中的深秋夕陽下的大門，一次次被歹徒撞開。蕭珊到附近的派出所報警，警方不管。巴金所在的上海作家協會，立即貼滿了批判他的大字報。多數是作家們寫的，但語言卻極為惡濁，把他說成是「反共老手」、「黑老K」、「反動作家」、「寄生蟲」……。平日看起來好好的文人們，一夜之間全都「纖維化」、「木質化」了，變成了無血無肉的棍子，這是法國荒誕派作家尤奈斯庫寫過的題材。

在上海作家協會裡，長期以來最有權勢的，是來自軍隊的「革命作家」。「文革」爆發後，以胡萬春為代表的「工人造反派作家」正式掌權。「革命作家」裡邊矛盾很大，爭鬥激烈，爭鬥的共同前提，一是爭著討好「工作造反派作家」，二是爭著對「死老虎」巴金落井下石。因此，偌大的作家協會，幾乎沒有人與巴金說話了，除非是訓斥。

巴金並不害怕孤獨的「寒夜」。每天，他從巨鹿路的作家協會步行回到武康路的家，萬分疲憊。他一路走來，沒想到這個城市會變成這樣，這個國家會變成這樣。終於到家了，進門，先看那個信箱，這是多年習慣。但信箱是空的，蕭珊已經取走了。

後來知道，蕭珊搶先拿走報紙，是為了不讓丈夫看到報紙上批判他的一篇篇由「工人造反派作家」寫的文章。她把那些報紙在家裡藏來藏去，當然很快就被丈夫發現了。後來，那個門上的信箱，就成了夫妻兩人密切關注的焦點，誰都想搶先一步，天天都擔驚受怕。

他們的女兒李小林，早已離開這個庭院，與我們這些同學一起，發配到外地農場勞動。她在苦役的間隙中看到上海的報紙，上面有文章說巴金也發配到上海郊區的農場勞動去了，但是，「肩挑兩百斤，思想反革命」。兩百斤？李小林流淚了。

當時在外地農場，很多同學心中，都有一個破敗的門庭。長輩們每天帶著屈辱和傷痕在門庭中進進出出，一想，都會像李小林那樣流淚。我心中的門庭更是不敢多想，爸爸已被關押，叔叔已被逼死，只剩下了年邁的祖母和無助的母親，衣食無著……

重見門庭是一九七一年林彪事件之後。「文革」已經失敗卻還在苟延殘喘，而且喘得慷慨激昂。周恩來主政後開始文化重建，我們回到了上海，很多文化人回到了原來的工作崗位，這在當時叫做「落實政策」，有「寬大處理」的意思。但是，那條最大的棍子張春橋還記恨著巴金的發言，他說：「對巴金，不槍斃就是落實政策」。當時張春橋位居中央高位，巴金當時的處境，可想而知。

但是，國際文學界在惦念著巴金。法國的幾位作家不知他是否還在人世，準備把他提為諾貝爾文學獎候選人，來作試探。日本作家井上靖和日中文化交流協會更是想方設法尋找他的蹤跡。在這種外部壓力下，張春橋等人又說，「巴金可以不戴反革命分子帽子，算作人民內部矛盾，養起來，做一些翻譯工作。」於是，他被歸入當時上海「寫作組系統」的一個翻譯組裡，著手翻譯俄羅斯作家赫爾岑的《往事與隨想》。一具受盡折磨的生命，只是在「不槍斃」的縫隙中殘留，立即接通了世界上第一流的感情和思維。我想，這就是生命中最難被剝奪的尊嚴。活著，哪怕只有一絲餘緒，也要快速返回這個等級。

那天下午，我又去了那個庭院。巴金的愛妻蕭珊已經因病去世，老人抱著骨灰盒嚎啕大哭，然後陷於更深的寂寞。一走進去就可以感受到，這個我們熟悉的庭院，氣氛已經愈來愈陰沉，愈來愈蕭條了。

李小林和她的丈夫祝鴻生輕聲告訴我，他在隔壁。我在猶豫要不要打擾他，突然傳來了他的聲音。聽起來，是在背誦一些文句。

李小林聽了幾句，平靜地告訴我：「爸爸在背誦但丁的《神曲》。他在農村勞役中，也背誦。」

「是義大利文？」我問。

「對。」李小林說：「好幾種外語他都懂一些，但不精通。」

但丁，《神曲》，一個中國作家蒼涼而又堅韌的背誦，義大利文，帶著濃重的四川口音。

我聽不懂，但我知道內容。

啊，溫厚仁慈的活人哪，
你前來訪問我們這些用血染紅大地的陰魂，
假如宇宙之王是我們的朋友的話，

我們會為你的平安向他祈禱，
因為你可憐我們受這殘酷的懲罰。
在風像這裡現在這樣靜止的時候，
凡是你們喜歡聽的和喜歡談的事，
我們都願意聽，
都願意對你們談。

……………

這便是但丁的聲音。

這便是巴金的聲音。

相隔整整六百六十年，卻交融於頃刻之間。那天下午，我似乎對《神曲》的內涵有了頓悟，就像古代禪師頓悟於不懂的梵文經誦。假、惡、醜，真、善、美，互相對峙，互相扭結，地獄天堂橫貫其間。

這裡有一種大災中的平靜，平靜中祈禱，祈禱中的堅守。

過了一段時間，形勢愈來愈惡劣了，我告訴李小林：「正在托盛鐘健老師找地方，想到鄉下山間去住一陣。」

盛鐘健老師，也就是最早把我帶進巴金家庭院的人。李小林一聽他的名字就點頭，不問別的什麼了。當時報紙上已在宣揚，又一場叫做「反擊右傾翻案風」的運動又要開始，人人不能脫離。但那時的我，已經在獨身抗爭中找到自己，一定要做「人人」之外的那個人。

那個傾聽巴金誦讀《神曲》的記憶，長久地貯存在我心底。我獨自隱居鄉下山間決定開始研究中華文化和世界文化的關係，也與那個記憶有關。上海武康路的庭院，義大利佛羅倫斯的小街，全都集合到了山間荒路上，我如夢似幻地跨越時空飛騰優游。直到很多年後，我還一次次到佛羅倫斯去尋訪但丁故居，白天去，夜間去，一個人去，與妻子一起去，心中總是回蕩著四川口音的《神曲》。那時文革災難早已過去，但天堂和地獄的精神分野卻愈來愈清晰，又愈來愈模糊了。因此，那個記憶，成了很多事情的起點。

六

從那個下午之後再見到巴金，是在大家可以舒眉的年月。那時他早已過了古稀之年，卻出乎意料地迎來了畢生最繁忙的日子。

整整一個時代對文化的虧欠，突然遇到了政治性的急轉彎。人們立即以誇張的方式「轉變立場」，還來不及作任何思考和梳理，就亢奮地擁抱住了文化界的幾乎一切老人。儘管前幾天，他們還對這些老人嗤之以鼻。多數老人早已身心疲憊、無力思考。巴金雖也疲憊，卻沒有停止思考，因此，他成了一種稀有的文化代表。一時間，從者蜂擁，美言滔滔。

巴金對於新時代的到來是高興的，覺得祖國有了希望。但對於眼前的熱鬧，卻並不適應。

這事說來話長。在還沒有網路的時代，一個人如果遭遇圍毆，出拳者主要集中在自己單位之內。正如我前面寫到過的，巴金在「文革」中遭遇的各種具體災難，多數也來自於他熟悉的作家。現在，作家們突然轉過身來一起宣稱，他們一直是與巴金在並肩受難，共同戰鬥。對此，至少我是不太服氣的。例如，在災難中，上海每家必須燒制大量「防空洞磚」，巴金家雖然一病一老，卻也不能例外，那麼請問，單位裡有誰來幫助過？蕭珊病重很長時間，誰協助巴金處理過醫療問題？蕭珊去世後的種種後事，又是誰在張羅？我只知道，是我們班的同學們在出力，並沒有看到幾個作家露臉。

巴金善良，不忍道破那些虛假，反覺得那些人在當時的大環境下也過得不容易。但晚上常做惡夢，一次次重新見到那些大字報，那些大批判，那些大喇叭。他知道，現在面臨的問題不僅出現在眼前這批奉迎者身上，而是隱藏在民族心理的深處。能不能學會反省？這成了全體中國人經歷災難之後遇到的共同課題。

為此，巴金及時地發出三項呼籲——

呼籲建立「文革博物館」；

呼籲反省，並由他自己做起，開始寫作《隨想錄》；

呼籲「講真話」。

「文革博物館」至今沒有建立，原因很複雜。有的作家撰文斷言是「上級」阻止，我覺得沒有那麼簡單。試想，「文革博物館」如果建立，那總少不了上海作家協會一次次批鬥巴金的圖片和資料吧？那麼，照片上會出現多少大家並不陌生的臉？揭發材料上會出現多少大家並不陌生的簽名？

巴金不想引起新的互相揭發，知道一旦引起，一定又是「善敗惡勝」。因此，他只提倡自我反省。

他的《隨想錄》不久問世，一個在災難中受盡屈辱、乃至家破人亡的文化老人，真誠地檢討自己的心靈汙漬，實在是把整個中國感動了。最不具備反省能力的中國文化界，也為這本書的逐篇連載和分冊出版，安靜了三、四年。

巴金認為，即使沒有災難，我們也需要反省，也需要建立一些基本品德，例如，「講真話」。他認為，這是中國人的軟項（弱點），也是中國文化的軟項。如果不講真話，新的災難還會層出不窮。因此，他把這一點當做反省的關鍵。

當時就有權威人士對此表示強烈反對，發表文章說：「真話不等於真理」。

我立即撰文反駁，說：「我們一生，聽過多少『真理』，又聽到幾句真話？與真話對立的『真理』，我寧肯不要！」

僅僅提出「講真話」，就立即引來狙擊，可見這三個字是如何準確地觸動了一個龐大的神經系統。這與他在一九六二年責斥「棍子」時的情景，十分相似。因此，我要對這三個字，作一些文化闡釋。

中國文化幾千年，嚴重缺少「辨偽機制」。進入近代之後，又未曾像西方一樣經歷實證主義的全民訓練，因此這個弊病一直沒有克服。事實上，許多看似「鐵證如山」的指控，全是假的。最誇張的是在文革，全國各地成立了幾百萬個「專案組」清查幾百萬個新揭發的「歷史問題」，後來證明全是謠言。專案組的工作人員加在一起，多達幾千萬，但整整十年，有哪一個「專案組」查清過哪一個人的問題？一個也沒有。這證明，在中國，要辨別真假幾乎沒有可能，除非下達政治命令。果然，文革結束後，中央下令全部「平反」，才發現沒有一件是真的。

幾百萬、幾千萬的數位，整整十年的時間，難道真是什麼領導人在控制一切嗎？不可能。真正起控制作用的，是酷愛謠言的群體心理，是聞風而動的鬥爭哲學，是大假不懲的法律缺失，是無力辨偽的文化傳統。

因此，巴金在晚年反覆申述的「講真話」，具有強大的文化挑戰性，可視為二十世紀晚期最重要的「中華文化三字箴言」。

至此，似乎可以用最簡單的語言對巴金的貢獻作一個總結了。我認為，巴金前半生，以小說的方式參與了兩件事，不妨用六個字來概括，那就是：「**反封建**」、「**爭人道**」；巴金後半生，以非小說的方式呼喊了兩件事，也可以用六個字來概括，那就是：「**斥棍子**」、「**講真話**」。

前兩件事，參與者眾多，一時蔚成風氣；後兩件事，他一個人領頭，震動山河大地。

七

巴金晚年，被賦予很高的社會地位，先是全國人大常委，後來是全國政協副主席。同時，又一直是中國作家協會主席。但他已經不能參與會議了，多數時間在病房裡度過。

有一次我到華東醫院看他，正好是他吃中飯的時間。護士端上飯菜，李小林把他的輪椅搖到小桌子前。他年紀大了，動作不便，吃飯時還要在胸前掛一個圍兜。當著客人的面掛一個圍兜獨自用餐，他有點靦腆，儘管客人只是晚輩。我注意了一下他的飯菜，以及他今天的胃口。醫院的飯菜實在太簡單，他很快吃完了。李小林去推輪椅，他輕輕說了一句四川話，我沒聽清，李小林卻笑了。臨走，李小林送我到門外，我問：「剛才你爸爸說了一句什麼話？」

「爸爸說，這個樣子吃飯，在余秋雨面前丟臉了！」

我一聽也笑了。

「這裡的飯菜不行，你爸爸最想吃什麼？」我問。

出乎意料，李小林的回答是：「漢堡，他特別喜歡。」

「這還不容易？」我有點奇怪。

「醫院裡不供應，而我們也沒有時間去買。」李小林說。

「這事我來辦。」我說。

當時我正在擔任上海戲劇學院院長，學院就在醫院附近。我回去後立即留下一點錢給辦公室的工作人員，請他們每天幫我到靜安寺買一個漢堡送到醫院。

但是，我當時實在太忙了，交代過後沒有多問。直到後來我才知道，只送成兩次。不久，巴金離開醫院到杭州去養病了。

而我，則已經辭職遠行，開始在廢墟和荒原間進行文化考察。考察半途中，在小旅店寫下一些文稿。本打算一路帶著走，卻怕丟失，就想起了一扇大門。

夕陽下的武康路，一個不知是鐵皮的還是木頭的信箱。巴金和蕭珊一次次搶著伸手進去摸過，總是摸出一卷卷不忍卒讀的報紙。女主人的背影消失在這個門口，我悄悄推門進去，卻聽到了蒼涼的《神曲》……

我決定把稿子寄給這扇大門，寄給這個信箱。巴金依然主編著《收穫》雜誌，他病後，由李小林在負責。李小林對文學的判斷力，我很清楚。想當年，在張春橋剛剛講了槍斃不槍斃巴金的兇惡言語之後，我去看她和她的丈夫，只能小聲說話。她居然不屑一顧地避開了張春橋的話題，鄭重地向我推薦了蘇聯新生代作家艾特瑪托夫的新作，而且從頭到底只說藝術，說得那麼投入。

我有信心，她能理解我這些寫於廢墟的文字，儘管在當時處處不合時宜。

有時回到上海，我直接把稿子塞到那個信箱裡。通常在夜間，不敲門，也不按電鈴。這是一項有關文化的投寄，具體中又帶點抽象。不要說話，只讓月亮看到就可以了。那時武康路還非常安靜，安靜得也有點抽象。

這項投寄，終於成了一堆大家都知道的書籍。

不僅大陸知道，臺灣、香港都知道，再遠的海外華人讀書界都知道。

這一來，這扇大門、這個信箱、這座庭院，又要再一次展示它揭示過、承受過的邏輯了。先是棍子橫飛，後是謠言四起，對著我。我對李小林說，「莫非是你爸爸要讓晚輩更深入地體驗棍子的邪惡、真話的珍貴吧？真是宿命。」

其實，恰恰是我目睹的巴金的經歷，以及他在切身經歷中提煉的警示和教誨，使我能在新時期的大規模誹謗中含笑屹立，不為所動。

然而，巴金老人本身，卻不能含笑屹立了。

他甚至說，自己不應該活得那麼久。

他甚至說，用現代醫學來勉強延長過於衰弱的身體，並非必要。

他甚至說，長壽，是對他的懲罰。

八

在衰弱之中，他保持著傾聽，保持著詢問，保持著思考，因此，也保持著一種特殊的東西，那就是憂鬱。

憂鬱？

是的，憂鬱。說他保持別的什麼不好嗎？為什麼強調憂鬱？

但這是事實。

他不為自己的衰弱而憂鬱。憂鬱，是他一輩子的精神基調。從青年時代寫《家》開始就憂鬱了，到民族危難中的顛沛流離，到中年之後發現棍子，經歷災難，提倡真話，每一步，都憂鬱著。

冰心曾勸她：「巴金老弟，你為何這麼憂鬱？」直到很晚，冰心才明白，巴金正是在憂鬱過程中享受著生命。

在生命行將終結的時候，他還在延續著這種享受。

他讓人明白，以一種色調貫穿始終，比色彩斑斕的人生高尚得多。

我曾多次在電話裡和李小林討論過巴金的憂鬱。

我說，巴金的憂鬱，當然可以找到出身原因、時代原因、氣質原因，但更重要的不是這一些。憂鬱，透露著他對社會的審視，他對人群的疏離，他對理想和現實之間距離的傷感，他對未來的疑慮，他對人性的質問。憂鬱，也透露著他對文學藝術的艱守，他對審美境界的渴求，他對精神巨匠的苦等和不得。總之，他的要求既不單一，也不具體，因此來什麼也滿足不了，既不會歡欣鼓舞、興高采烈，也不會甜言蜜語、歌功頌德。他的心，永遠是熱的；但他的眼神，永遠是冷靜的，失望的。他天真，卻不會受欺；他老辣，卻不懂謀術。因此，他永遠沒有勝利，也沒有失敗，剩下的，只有憂鬱。

他經常讓我想起孟子的那句話：「君子有終身之憂，無一朝之患。」（《孟子・離婁》下）

憂鬱中的衰弱老人，實在讓人擔心，卻又不便打擾。

我常常問李小林：「你爸爸好嗎？最近除了治病，還想些什麼？你有沒有可能記錄一點什麼？」

李小林說：「他在讀你的書。」

「什麼？」我大為驚奇，以為老同學與我開玩笑。

「是讓陪護人員在一旁朗讀，不是自己閱讀。」李小林說。

我仍然懷疑。這位看透一切的老人，怎麼可能在生命的最後階段讀我或聽我的書？而我的書，又總是那樣不能讓人放鬆，非常不適合病人。

終於，我收到了文匯出版社的《晚年巴金》一書，作者陸正偉先生，正是作家協會派出的陪護人員。他在書中寫道，進入九十年代後，巴老被疾病困擾，身體日趨衰弱，卻喜歡請身邊工作人員讀書給他聽，尤其是聽發表在《收穫》上的文章。其中，「文化大散文」深深吸引住了巴老，「他仔細地聽完一篇又一篇，光我本人，就為巴老念完了《文化苦旅》專欄中的所有文章。」

陸正偉又寫到他為巴金朗讀我的《山居筆記》時的情景——

巴老因胸椎壓縮性骨折躺在病床上，我在病室的燈下給巴老讀著余秋雨發表在《收穫》一〇〇期上的「流放者的土地」。當我讀到康熙年間詩人顧貞觀因思念被清政府流放邊疆的老友吳兆騫而寫下的〈金縷曲〉時，病床上的巴老也跟著背誦了起來。我不由放下書驚歎地問巴老：「您的記憶力怎麼會那樣好？」巴金說：「我十七、八歲在成都念書時就熟讀了。」他接著又說了一句：「清政府的文字獄太殘酷了！」

我坐在邊上，望著沉思不語的巴老，心想，巴老早在七十多年前讀過的詞至今還能一字不差地把它背誦下來，那麼，發生在二十多年前的那場浩劫又怎能輕易地從他心中抹去呢？

——陸正偉：《晚年巴金》第六十五頁

到底是巴金，他立即就聽出來了，我寫那段歷史，是為了揭露古代和現代的「文字獄」。因此他聽了之後，便「沉思不語」。他在「沉思」什麼？我大體知道。但是，讓我最感動的是，陸正偉先生說，巴金在聽到我引述的〈金縷曲〉時，居然「一字不差」地背了下來，使朗讀的人「不由放下書驚歎」。

古人匍匐在死亡邊緣的友情企盼，巴金在十七、八歲就熟讀了，而在七十多年後還脫口而出，可見這也是他自己漫長一生的友情企盼。我不知道他在災難深處是不是多次背誦過這些句子，但可以相信他也是靠著友情企盼來回答災難的。

因此，我忍不住要把巴金記了一輩子的〈金縷曲〉再默寫一遍在下面，請讀者諸君想像一位已經難於下床的病衰老人用四川口音背誦這些句子的情景吧：

季子平安否？便歸來，平生萬事，那堪回首？行路悠悠誰慰藉？母老家貧子幼。記不起、從前杯酒。魑魅搏人應見慣，總輸他、覆雨翻雲手。冰與雪，周旋久。淚痕莫滴牛衣透。數天涯，依然骨肉，幾家能夠？比似紅顏多命薄，更不如今還有。只絕塞苦寒難受。廿載包胥承一諾，盼烏頭馬角終相救。置此札，君懷袖。

我亦飄零久，十年來，深恩負盡，死生師友。宿昔齊名非忝竊，試看杜陵消瘦。曾不減，夜郎僝僽。薄命長辭知己別，問人生，到此淒涼否？千萬恨，為君剖。兄生辛未我丁丑，共些時，冰霜摧折，早衰蒲柳。詞賦從今須少作，留取心魂相守。但願得，河清人壽。歸日急翻行戍稿，把空名料理傳身後。言不盡，觀頓首。

終於，巴金愈來愈衰弱，不能背誦但丁，也不能背誦顧貞觀了。當然，也不能再聽我的書了。

誰都知道，一個超越了整整一個世紀的生命即將劃上句號。但是，這個生命太堅韌了，他似乎還要憂鬱地再看一眼他看了百年的世界。

就在這時，我們突然有點驚慌。不是怕他離去，而是怕他在離去之前又聽到一點不應該聽到的什麼。

九

在巴金離世之前，在他不能動、不能聽、不能說的時刻，一些奇怪的聲音出現了。

我為一個病臥在床的百歲老人竟然遭受攻擊，深感羞愧。是的，不是憤怒，而是羞愧。為大地，為民族，為良心。

我為百歲老人遭遇攻擊時，文化輿論界居然毫無表情，深感羞愧。為歷史，為文化，為倫常。

仍然是李小林轉給我的一些報刊影本，都是剛剛發表的。那些文章正在批判巴金「一是一身俸兩朝的貳臣」，指他在一九四九年前後都活著。那些文章又批判巴金「一天又一天的收穫版稅銀子」，其實誰都知道，巴金把全部稿酬積蓄都捐獻了。對於當年張春橋揚言對巴金「不槍斃就是落實政策」，今天的批判者說，是因為巴金與張春橋有「私人糾葛」。這就一下子暴露了批判者的政治身分，他們其實是張春橋、姚文元這些老式「棍子」的直接後裔。對巴金在《隨想錄》裡的自我反省，他們說，這是「坦白坯子」、「欺世盜名」、「欲蓋彌彰」、「虛偽畢現」、「偽君子」，甚至用通欄標題印出這樣的句子：「巴金不得好死」。總之，這些人集中了想得到的一切負面成語，當作石塊，密集地扔向一個奄奄一息的老人。我覺得現在這些「傳媒達人」比當年的造反派暴徒還惡劣萬倍，因為當年的暴徒向巴金進攻時，他才六十歲，而今天向他進攻時，他已一百歲。

世界上任何黑幫土匪，也不可能向一個百歲老人動手。今天的中國文化傳媒，怎麼反倒這樣？這麼一對比就不禁讓人驚訝：這種滔天的深仇從何而來？

我認為，滔天的深仇、反常的進攻，全都來自於巴金關於建立「文革博物館」的呼籲。因此，輕言「文革早已過去」、「文革不會再來」，還為時過早。你看僅僅在文化人中間，還埋伏著這麼多「文革」式的地雷，時時準備爆發。他們中的一部分，現在又多了一重「異見人士」的身分。很多西方政客假裝不知，這些人物的「異見」，是反對中國改革開放，主張重新返回文革，而他們的言談舉止，早已徹底返回。

對於這種人，最早反擊的倒是身在海外的劉再複先生，他在美國科羅拉多寫道：

> 現在香港和海外有些人化名攻擊巴金為「貳臣」，這些不敢拿出自己名字的黑暗生物是沒有人格的。歌德說過，不懂得尊重卓越人物，乃是人格的渺小。以攻擊名家為生存策略的卑鄙小人，到處都有。

劉再複先生不知道的是，他發表這篇文章之後沒多久，那些人物已經不用化名了，而是在中國的文化傳媒界大顯身手，由「黑暗生物」變成了「光明天神」。

你說，巴金能不憂鬱嗎？

憂鬱的不僅是他。當百歲老人終於閉上眼睛的時候，這批人比他出生的時候更威風，比他受難的時候更囂張，而且，社會對他們完全無力阻止，反而全力縱容。你說，歷史能不憂鬱嗎？

十

失去了巴金的上海，好像沒缺少什麼，其實不是這樣。他帶走的東西，看不見，摸不著，但一旦抽離，城市卻失重了。何況，跟著先後走了的，還有黃佐臨，還有謝晉，還有陳逸飛……

上海永遠不會缺少文化人，也不缺少話題，也不缺少名號。缺少的，往往是讓海內外眼睛一亮的文化尊嚴。這種尊嚴來自於高度，來自於思考，來自於憂鬱，來自於安靜，因此看起來與喧騰的市聲格格不入。

就像魯迅不是「海派」，章太炎不是「海派」，巴金也不是「海派」。但正是這種看起來「不落地」的存在，使這座城市著實獲得過很高的文化地位。

一座普通城市的文化，主要是看地上有多少熱鬧的鏡頭；一座高貴城市的文化，主要是看天上有幾抹孤獨的雲霞。

在熱鬧的鏡頭中，你只需要平視和俯視；而對於孤獨的雲霞，你必須抬頭仰望。

據說俄羅斯總統普京的辦公室裡掛了一句格言：「即使身陷溝渠，也要仰望星雲。」

我借此給星雲大師開起了玩笑：「您看，連他都在看您！」

我這個玩笑開在去年冬天，當時我陪著星雲大師去山西大同的雲岡石窟。

星雲大師一聽就笑了，說：「那星雲不是我。但是，能學會仰望就好。」

可惜在我們今天，愈來愈多的人在睥睨萬物，很少有人會抬頭仰望。

因此，出現了太多高樓的城市，反而低了。

李小林來電，說她要搬家。那個庭院，將成為一個紀念館，讓人瞻仰。

這是好事，但我一時不會進去參觀。太多的回憶，全都被那扇帶著信箱的朝西大門，集中在一起了，我怕看到很多好奇的目光把它們讀得過於通俗。

武康路仍然比較安靜，因此在夜間，這個庭院還是會顯得抽象。沒有了老人也沒有了家人的庭院，應該還有昔日的風聲和蟲鳴吧？

那就先寫下這些文字。去不去看一看，以後再說。

二〇一二年四月一日

四十年前

一、被埋沒的轉捩點

今天是二〇一一年十月十日，辛亥革命一百週年，中國歷史的轉捩點。其實，四十年前的這一天，也具有不小的轉折意義，可惜被埋沒了。

一九七一年十月十日上午，周恩來總理陪著埃塞俄比亞（Ethiopia）皇帝海爾·塞拉西（Haier Selassie）來到上海。

這位年邁的皇帝很有名，第二次世界大戰期間堅決抗擊入侵的義大利法西斯軍隊，氣得希特勒曾立誓要割下他頭顱上茂密的鬍子做一個鞋刷子，用來天天擦拭自己的長統戰靴。

在希特勒和他的長統戰靴灰飛煙滅二十六年之後，這位皇帝到中國來了，鬍子依然茂密，只是已經花白。

他來的目的之一，是想見一見中國的末代皇帝溥儀。想想也對，當今世界上皇帝剩下不多，彼此都會有一份遠遠的掛念。塞拉西皇帝是十月五日到中國的，十月七日在北京與周恩來會談，得知溥儀已在四年前因病去世，笑著點了點頭。在十月八日拜會了毛澤東，他便接受周恩來的安排，到上海來參觀。

周恩來一路上心事重重。其實他只比塞拉西皇帝小六歲，也是一位七十三歲的老人了。這些天，中國正面臨著一次歷史大轉折，而他正承擔著這次轉折的成敗，因此顯得那麼疲憊和消瘦。

就在二十幾天前，發生了「九一三事件」，中國的第二號人物林彪自行飛出國境並失事。這件事情的真相還可以繼續研究，但無可爭辯的事實是，後來被簡稱為「文革」的「無產階級文化大革命」就此宣告徹底失敗。

這是因為，「文革」雖然是一場民粹主義大劫難，卻有一個政治起點：由林彪替代劉少奇成為毛澤東的接班人。現在，這個政治支柱已經斷裂。而且，從當時快速發現的一些材料看，林彪本人也反對「文革」。那就更成了一種徹底的反諷。

以後幾年，「文革派」還會用各種方法掩蓋失敗的事實，但畢竟無濟於事了。因此，遠在美國的作家張愛玲在「九一三事件」後立即寫出了一篇文章，題為〈文革的終結〉。這位女作家並不太懂政治，只是憑著常識和邏輯，作出了「終結」的論斷，簡單而明瞭。

此刻，周恩來成了第二號人物，前面五年的民粹主義大劫難留下了一個龐大無比的「爛攤子」，必須由他來領頭收拾。

這已經夠麻煩的，而更麻煩的是，他深知毛澤東不允許有人否定「文革」。因此，面對「爛攤子」卻不能說是「爛攤子」，要收拾也只能輕手輕腳，這實在是難上加難了。

據當時的副總理紀登奎回憶，周恩來在緊急處理「九一三事件」之後，曾撇開眾人，一個人在人民大會堂一個房間的窗口，嚎啕大哭一場。

深夜京城，一位老人的哭聲讓人心動，卻又非常艱深。

這位政治老人心中，並不全是悲哀。他知道，極度的危難和極度的機會，突然都湊在一起了。就在三個月前，他祕密會見了季辛格並發表了震動世界的新聞公報，美國總統即將來訪，中美關係即將正常；就在這幾天，中國就要重返聯合國。

總之，一九七一年十月，中國生死攸關。

這些天，周恩來對外賓講得最多的一句話是「門要開了」。但他明白一個最簡單的道理：要想走出封閉，必先走出災難，哪怕是第一步。

那天到上海已經是中午，晚上有一個歡迎塞拉西的宴會。第二天有兩檔安排，一是到上海大廈頂樓俯瞰城市全景，二是觀看文藝演出，周恩來都要陪同，第三天一早就要離開。因此，周恩來決定，就在第一天下午，召開一個幹部會議。

當時上海的幹部中有很多是「文革派」，已經從「九一三事件」和中美交往中敏感到歷史的轉向，因此來開會時都惶恐不安。

沒想到，會議開始後，周恩來只是平靜地布置了一項「業務」工作。他說：「重返聯合國之後，世界上的大多數國家都會與我國建交，我國的外交空間將會出現一個前所未有的大局面。因此，各大學必須立即復課，以最快速度培養大量年輕的外語人才和國際問題研究人才，全面翻譯和掌握世界各國的歷史、文化、社會、宗教、風俗資料。」

這些話，聽起來很正常，但在當時卻有很大的突破性。

因為，毛澤東在「文革」中只說過「理工科大學還要辦」，故意不提文科，表現出明顯的取捨。在當時的毛澤東看來，文科的主要課堂是「上山下鄉」，是社會實踐。就在半年前，張春橋、姚文元等人炮製的所謂《全國教育工作會議紀要》又徹底否定了「文革」前的教育。現在，周恩來以外交需要為由，對否定提出了否定。

他所說的「各國的歷史、文化、宗教、風俗」，都屬於文科。

在中國，「外交無小事」，一切外交理由都無可辯駁。

後來的事實證明，這是周恩來收拾「爛攤子」的一個極佳突破口，足以「牽一髮而動全身」。

你看：既然要全面復課，那麼，所有的教師就必須從農村返回學校；既然教師能返回，那麼，其他知識份子也能返回；既然資本主義國家的歷史、文化、宗教、語言能夠成為正面教材，那麼，那些「文革派」的批判專家怎麼還忙得過來？

緊接著，周恩來又根據科學家楊振寧的建議，囑咐北京大學副校長周培源清理教育科學研究中的極左思潮，提出要「拔除障礙，拔掉釘子」。在文科領域，他恢復了一系列「文革」之前已經著手、毛澤東也曾經作過正面指示的工程，又任命顧頡剛教授主持標點《二十四史》，任命譚其驤教授主持編著《中國歷史地圖集》。

這樣級別的教授，前些年都被造反派批判成「反動學術權威」，現在重新出來擔任領導，便成了一種全國性的政策示範。於是，一系列大規模的文化工程也逐一展開，每項工程都集中了大量的知識份子。

周恩來病重後，鄧小平主持中央日常工作，大力整頓，使教育、文化的重建工程有了更大進展。

這一個趨勢，使很多「文革派」認清了是非，轉變了立場，參與了重建，但也有少數極端分子暗暗在心裡認為這是「右傾翻案」。

在一九七一年十月十日下午的幹部會上，有人問周恩來：「全面復課，中文系的教材怎麼辦？」

這個問題的針對性在於，按照當時的主流思潮，中文系的教材只能用毛澤東詩文和「革命樣板戲」劇本。

周恩來當然知道這種主流思潮，他想了想，回答道：「中文系教材，可以先用魯迅作品，再慢慢擴大。今年是魯迅誕辰九十週年，逝世三十五週年，都是大日子。魯迅的晚年是在上海度過的，上海的高校應該帶頭研究魯迅，為他寫傳記。」

後來的事實證明，這也是周恩來為中文系教育尋找的一個很好突破口。為什麼這樣說？因為：

一，魯迅是真正的文學家，而不是政治人物。他的作品，有資格進入任何地方的中文課程。

二，借由魯迅，可以進入小說、散文、詩歌、雜文，也可以進入現代文學、古典文學、外國文學。

三，毛澤東也肯定過魯迅，這使那些極端主義批判者較難找到攻擊的理由。

有了這三條，魯迅就成了中文系復課的一個巧妙入口。極左的主流思潮，也可由這位老作家幫著抵擋一陣子了。

——一九七一年十月十日周恩來在上海幹部會上的講話，我是一九八一年讀到兩個與會者的回憶記錄才知道詳情的。在這之前，只是約略聽說，而且把時間也搞錯了，挪後了四個月。

知道這個轉捩點很重要。由此我就明白了，自一九七二年初到一九七五年底全國各高校出現的復課、編教材、辦學報等等熱潮，是由誰啟動的；由此我也知道了，一九七六年掀起的所謂「反擊右傾翻案風」，針對著什麼。

如果沒有幾年的文化重建，何謂「風」？何謂「翻案」？而且又為何「反擊」得如此急不可待？

一個被埋沒的歷史階段，終於浮現出來了。

知道了這個轉折，也就解開了一個歷史之謎：幾年之後，災難過去，全國急迫地恢復高考，為什麼各個大學都已經奇蹟般地具備了基本的師資和教材？為什麼能夠如此快速地迎接那麼多新生順利地開課？原因只在於，早在一九七一年，周恩來就啟動了教育、文化的結構重建。

如果沒有這個轉折，沒有長達五、六年的準備和訓練，那麼，後來突然湧進大學裡來的那麼多學生，看到的會是一個什麼樣的混亂景象？

儘管，當一九七七年全國每一所大學都出現激動人心的場面時，周恩來已在一年半之前去世，沒能看到。

二、被埋沒的歷史階段

根據上面說的這個轉捩點，我把全國多數高校在文革十年中的經歷，大致劃分為四個階段——

第一階段：一九六六年～一九六八年，造反武鬥；

第二階段：一九六八年～一九七一年，上山下鄉；

第三階段：一九七一年～一九七五年，文化重建；

第四階段：一九七六年一月以後，批鄧反右。

在這四個階段中，前兩個階段五年，後兩個階段也是五年，一九七一年正好是中點。中點前是漲潮，中點後是退潮，最後加一個小小的回潮，形成了一個「正反迴旋結構」。

以正常的眼光來看，這四個階段中，唯一具備正面文明價值的，是周恩來主導的第三階段，即文化重建階段。而且，這一階段成果卓著。

但是，這一階段，常常被籠統地歸入「文革十年」而一起否定，實在是歷史的盲區。

經常有海外友人提出質問：「你們都說文革毀滅了中國傳統文化，為什麼我們現在到中國旅遊，一些最重要的傳統文化古跡都是那個時期發掘和保護的？」

我總是回答：「那時在一九七一年之後。」

哪些文物古跡？隨手一舉就有──

馬王堆（一九七二年發掘）、河姆渡（一九七三年發掘）、兵馬俑（一九七四年發掘）、章懷太子墓（一九七一年發掘）、庫倫壁畫墓（一九七二年發掘）、居延漢簡（一九七二年發掘）、宋代海船（一九七三年發掘）、中山王墓（一九七四年發掘）、婦好墓（一九七六年發掘）……，幾乎都是幾個世紀來第一流的考古成就。

即便在發達國家，要取得這麼多考古成就，僅靠考古團隊是遠遠不夠的，必須彙聚各領域大量文化菁英通力合作才行。那五年，在文化重建的大潮中，中國做到了。

那麼，為什麼周恩來開啟的文化重建工程，一直被蒙蔽於某種陰影之下？

這與一九七六年「四人幫」下臺後一段怪異歷史有關。

本來，那應該是一個撥亂反正的關鍵時機，但當時的最高領導人華國鋒推行了一種被稱作「兩個凡是」的方針，把歷史的車輪又往回擰了。什麼是「兩個凡是」？那就是這樣兩句話：「凡是毛主席作出的決策，我們都堅決擁護；凡是毛主席的指示，我們都始終不渝地遵循。」

這一來，「文革」中的造反奪權、廢學停課、上山下鄉、批鄧反右等等全都不能否定了，連「文革」本身也要「堅決維護」。相比之下，反倒是周恩來主導的第三階段，不管是復課、編寫教材，還是發掘、保護文物，毛澤東沒有作過什麼指示，因此不在「兩個凡是」方針的保護範圍之內，可以任意否定。

「兩個凡是」方針實行了兩年，從一九七六年底到一九七八年底，形成了一個怪誕的理論：「四人幫」是不好的，但「文革」是偉大的，「四人幫」的主要問題是「破壞文革」。

這個方針，使得剛剛成為驚弓之鳥的「文革派」再度抬起頭來，重新揭發人們對領袖的不敬，對「文革」的不恭，以及復課、編教材中的「大量問題」。

按照當時政治運動的慣例，這些揭發者也就成了「清查者」。那兩年，上海做得最過分，居然還在「清查」中槍斃了華東師範大學一位反對「文革」的人士王辛酉，以示殺一儆百。

直到一九七八年十二月北京召開的十一屆三中全會徹底否定「文革」，中央撤除並調離了上海市委書記和分管教育文化的官員，那些以「清查者」面目出現的「文革派」立即作鳥獸散，不知躲藏到哪裡了。

後來知道，他們主要躲藏到各個大學裡去了，正滿臉斯文地準備做副教授、教授呢。我覺得這是「文革」災難的一種「生命化潛藏」，今後必定還會壞事。但是，當時社會百廢待興，大家都相信「一切向前看」，既往不咎了。要咎，也已經很難，因為他們在那兩年中已經銷毀、塗改、偽造了各種歷史材料。如果真像巴金所說的建立一個「文革博物館」，展覽出來的東西也只能支離破碎，與真實情況相距甚遠了。

歷史真相的埋沒，竟然如此輕而易舉！

即使是當代史，見證人都還活著，也只能眼睜睜地看著這一切，無可奈何。

三、我成了另一個人

幸好，歷史的力量並不單一。它可以產生反面的「生命化潛藏」，也可以引發正面的「生命化聚變」。因此，它的真相雖然可能被埋沒，而它的真諦卻不可能被毀滅。

周恩來一九七一年十月啟動的文化重建工程，實實在在地影響了我的人生。「文革」中的經歷，在《我等不到了》一書中已有詳細敘述。這兒需要補充的是，我在一九七一年之前與「造反派」的長期對抗，雖然在「文革」結束後成了全院教師連續多次推舉我擔任院長的主要原因，但我在當時的抗爭並非出於政治判斷，只是一種絕望的表現。

既然爸爸被造反派關押，叔叔被造反派害死，全家衣食無著，我就只能不計後果地進行反抗。在農場勞動時帶頭以身體堵住洪災決口，至少有一半是絕望中的自沉，後被農民救起時我已完全凍僵。當時對自己的生命價值，已經看得很輕。

但是，「九一三事件」後從農場勞役中返城，很快感受到氣氛的變化。幾乎所有的學校，都在復課、辦學報、編教材。後來學院分配我參加周恩來總理布置的上海各高校魯迅傳編寫小組，我在復旦大學看到各專業的教師們都傷痕累累地投入了文化重建，第一次產生了「**文化不滅，中華不死**」的悲壯感。

在復旦大學，我也發現了周恩來到上海來推動文化重建的原因。當時上海也很左，但復旦大學的造反等級，比之於北京大學、清華大學，畢竟低得多了。我們教材編寫組裡的六位復旦同事，只防範著中文系裡一位與造反派關係密切的教師好像叫吳忠傑，沒有第二位，可見造反勢力不大。現在想來，連這位吳某某也未必算得上真正的造反派吧？

「**文化不滅，中華不死**」的悲壯感使我變得異常勇敢，甚至至今回想反倒有幾分後怕。例如，〈巴金百年〉、〈我等不到了〉中有記，我離開復旦大學後居然一個人赤手空拳，在當時中國第三號人物王洪文的嘍囉們揚言要「砸爛」、「血洗」的一家低層次文學雜誌前，與他們對峙了整整三個月。

又如，〈欠君三拜〉中有記，「文革」中視若政治圖騰的那幾台由江青等人打造的「革命樣板戲」，各地都在狂熱「移植」。本應成為「移植」中心的上海戲劇學院在一九七一年復課後整整五年，居然沒有一個專業把它們引入課堂，這裡就隱藏著無數驚險的較量。後來我在災難之後擔任院長時，曾一再借此事向學生們論述，何為「文化氣節」，何為「專業自尊」。

由於周恩來啟動的文化重建對我那麼重要，因此得知他去世的消息後我壯著膽子對抗「四人幫」的禁令，與靜安區的趙紀鎖先生一起，組織了全上海唯一的追悼會。我在悼詞中引用了自己剛剛寫出的兩句詩：「千鈞一髮謝周公，救得文化百代功。」現在看來說得太誇張了，但當時卻是真心話。

追悼會後，我為了逃避追查，也為了拒絕當時人人必須表態參加的「批鄧、反擊右傾翻案風」運動，一個人隱潛到浙江山區，直到「四人幫」下臺。

——做上面這些事情的最不容易之處，是我的父親仍然被囚禁著，全家生計極端艱難，而我的每一步，都有可能遭來滅頂之災。很多時候，我是邊擦眼淚邊挺身的。

災難，既毀滅生命又造就生命。當災難終於過去，我已經完全成了另一個人。

四、每隔十年一大變

在周恩來重啟文化重建工程的十年之後，偉大的八〇年代開始展現它的偉大。那個年代還來不及創建什麼成果，它的偉大體現在精神方面。浩劫的血淚還記憶猶新，人性、獸性、君子、小人的界限成為整個社會最敏感的共同防線。中國，第一次使誹謗者失去了市場，整個氣氛一片高爽。

這正好對應了一位西方學者的論斷：「什麼是偉大時代？那就是誰也不把小人放在眼裡的時代。」

我在這十年中，因幾度民意測驗的推舉，從一個毫無官職的教師破格提升為全國最年輕的高校校長，又因為出版了幾部影響較大的學術著作，被選為上海市中文學科兼藝術學科的教授評審組組長。

我評審教授的標準很嚴，而且特別防範「文革」中那些「特殊人物」投機入圍。有很多次，所有的評委看到幾個申報者的名字，一言不發，投票結果是零。我立即抽筆在每份申報表上寫下大大的「未通過」三字，並簽上自己的名。這三個字，包含著無數浩劫受難者的齊聲呼喊，因此我寫得很重，寫得正氣凜然。

在周恩來重啟文化重建的二十年之後，我在上上下下的驚愕中徹底辭去了所有的職位，謝絕了提升為省部級高官的機會，獨自跋涉荒原考察中國文化遺址。後來，又冒著生命危險在國外貼地穿越數萬公里，包括大量恐怖主義地區，尋找人類所有重大的古文明遺址，被國外媒體稱為「當代世界最勇敢的人文教授」。追根溯源，這份勇敢，仍然來自於當年「文化不滅，中華不死」的悲壯感。

在周恩來重啟文化重建的三十年之後，悲壯開始轉向嬉鬧和荒誕。最主要的原因，是三十年的漫長時間產生了全民遺忘，而大量親歷者均已逐一離世。於是，一些躲藏了很多年的「特殊人物」，也就是我前面所說的「文革災難的生命化潛藏」，開始試探著重出江湖。江湖上，恰恰又重新出現了「一謠既出，萬口起哄」、「一拳既出，立即走紅」的民粹主義瘟疫。而且由於傳媒的操弄，掀起了遠超「文革」大字報的全國性痴狂。

那些「文革」中的「特殊人物」，為了「答謝」我主持的教授評審對他們的否決，在偵知我絕無可能再返仕途之後，先唆使一個在「文革」中還只是嬰兒的北大學生向我投汙，很快他們自己就出來了。唯一能找到的「把柄」，是我參加過周恩來布置的教材編寫，他們便把這種教材編寫說成是「文革寫作」，大加鞭撻。這正好挑起了不少文人心底壓抑已久的整人欲望，據楊長勳教授統計，這類文章全國至少發表了一千八百多篇，書籍出了十餘本，直到今天還是延續。

我本以為，一個中國文人平生能做的最大膽的事情，已經被我做完。沒想到，天道垂顧，又讓我霜鬢之年再度臨陣。

他們估計，我一定會在全國那麼多傳媒的誹謗聲中活活氣死。但是，他們儘管在文章、書籍中寫了幾千、幾萬遍我的名字，卻實在太不知道我是誰了。在年輕時候連王洪文的嘍囉也不怕，連樣板戲的霸權也不怕，連禁止開追悼會的命令也不怕的人，年長後連世界上最恐怖地區一一走遍了也不怕的人，還怕他們？

哈哈，他們！

當時的我，正一直在以自己的身子保護著有可能被誤傷的人群，內心享受著一種「慈者大雄」的壯士感覺，非常痛快。

但是最近，英國爆發了《世界新聞報》事件，許多「傳媒達人」紛紛入獄，我突然為陣前人群中的中國傳媒人擔心起來。他們十餘年來對我所做的事，一點兒也不比《世界新聞報》差，但我實在不忍心看到他們哪一天被刑事警察一個個帶走的情景。

因此，我要誠懇地向他們發出預警，而且要特別提醒兩位南方報人：一位是廣州《南方週末》的社長，不知大名；另一位是香港《蘋果日報》的社長，我原來的文友，姑隱其名。因為有他在，我把提醒改為請教。稍待時日，我會再寫一點文章，好好勸勸他們。

當然，我的提醒、請教、規勸，都出於自己被他們長期傷害後的修煉之路，因此寫起來會比較詼諧。題目都想好了，叫〈尋石之路〉。今天就不寫了，因為這個日子有點莊嚴。且把詼諧留給明天。

二〇一一年十月十日

說明：本文在《美文》雜誌發表後，據一位朋友告訴我，朱永嘉先生在網路上撰文發表了一些不同意見，主要是說周恩來一九七一年的文化重建，都是遵從毛澤東以前的指示。

我原來只知道朱先生是當時上海寫作組系統（即全市文化教育系統）負責人，最近才從電視上知道，那些年他主要是在為毛澤東服務，為毛澤東注釋、印行大量古文。他維護領袖的心情很可理解，但我必須說明，在周恩來啟動文化重建的時刻，毛澤東對教育文化的基本態度早已與以前完全不同，而且已經造成嚴重的後果。因此，周恩來壓力很大。

必須承認，在周恩來啟動文化重建前，全中國的教育、文化事業已經在整體上崩潰。我早在自己的著作中說過，「文革」中全國廢學停課，是中華文明數千年來在非戰爭狀態下唯一的一次。至今，因早年失學而終身哀歎的人，還大量存在，都可證明。

尋石之路

尋石，亦稱問石、訪石。

所尋何石？

非真石也。乃一古怪筆名，姓石。

漫漫長路，十餘年矣！

一

二十世紀末，最後那個冬天。我考察人類古文明四萬公里，已由中東抵達南亞、中亞之間。處處槍口，步步恐怖，生命懸於一線。

那天晚上，在巴基斯坦、阿富汗邊境，身邊一個夥伴接到長途電話。然後輕聲告訴我，國內有一個也姓余的北大學生，這兩天發表文章，指控我在「文革」時期參加過一個黑幫組織，叫石什麼。

「石什麼？」我追問。

「沒聽清，電話斷了。」夥伴看我一眼，說：「胡謅吧，那個時候，怎麼會有黑幫組織，何況是您……」

還沒說完，幾支槍對準了我們。那是這裡的黑幫組織。

二

終於活著回來了。

各國的邀請函件多如雪片，要我在世紀之交去演講親眼所見的世界，尤其是恐怖主義日漸猖獗的情況。

但在國內，多數報紙都在操作那個北大學生的指控。我也弄清楚了，他是說我在「文革」中參加過一個叫「石一歌」的寫作組，沒說是黑幫組織，卻加了一頂頂令人驚悚的大帽子。

「石一歌？」

這我知道，那是周恩來總理的事兒。

一九七一年十月十日下午他到上海啟動文化重建，布置各大學的中文系復課，先以魯迅作品為教材。由於那年正好是魯迅誕辰九十週年、逝世三十五週年，他又要求上海的各個高等院校帶頭寫魯迅傳記、研究魯迅。於是，上海先後成立了兩個組，一是設在復旦大學的魯迅傳記編寫小組，二是設在作家協會的魯迅研究小組，都從各個高校抽人參加。我參加過前一個小組，半途離開。「石一歌」，是後一個小組的名字。

我不清楚的是，這後一個小組究竟是什麼時候成立的，有哪些人參加，寫過哪一些研究魯迅的文章。

我更不清楚的是，「石一歌」怎麼突然變成了一個惡名，而且堆到了我頭上，引起那麼多報刊的聲討？

估計有人指揮，又契合了世紀之交的文化顛覆狂潮。

按照常理，我應該把事情講清楚。但是，遇到了三大困難——

一，狂潮既起，自己必然百口莫辯，只能借助法律，但這實在太耗時間了。我考察人類各大文明得出的結論，尤其是對世界性恐怖主義的提醒，必須快速到各國發表，絕不能因為個人的名譽而妨礙大事；

二，狂潮既起，真正「石一歌」小組的成員哪裡還敢站出來說明？他們大多是年邁的退休教授，已經沒有體力與那些人辯論。我如果要想撇清自己，免不了要調查和公布那個小組成員的名單，這又會傷著那些老人。

三，要把這件事情講清楚，最後還不能不揭開基本事實：那兩個小組都是根據周恩來總理的指示成立的。但這樣一來，就會從政治上對那個北大學生帶來某種終身性的傷害。其實周恩來重啟文化重建的時候，他還是牙牙學語的孩童，現在只是受人唆使罷了。這一想，又心疼了。

於是，我放棄自辯，打點行李，應邀到各地講述「各大文明的當代困境」。但是，不管是在臺灣、日本、馬來西亞，還是在美國、法國、匈牙利，前來聽講的華文讀者都會問我「石一歌」的事情。

「石一歌」……？

「石一歌」……？

原來，圍繞著這古怪的三個字，國內媒體如《南方週報》、《文學報》等等已經鬧得風聲鶴唳。各國讀者都以為我是逃出去的，兩位住在南非的讀者還一次次轉彎抹角帶來好意：「到我們這兒來吧，離他們遠，很安靜……」

冒領其名幾萬里，我自己也愈來愈好奇，很想知道這三個字背後的內容。但是，那麼多文章雖然口氣獰厲，卻沒有一篇告訴我這三個字做過什麼。

時間一長，我只是漸漸知道，發起這一事件的，姓孫，一個被我否決了職稱申請的上海文人；鬧得最大的，姓古，一個曾經竭力歌頌我而被我拒絕了的湖北文人；後期加入的，姓沙，一個在關鍵時刻發表極左言論被我宣布絕交的上海文人。其他人，再多，也只是起哄而已。

他們這三個老男人，再加上那個學生，怎麼鬧出了這麼大的局面？當然是因為傳媒。

三

好奇心是壓抑不住的。

雖然我不清楚「石一歌」小組的全部成員，卻也知道幾個。我很想找到其中一、二個聊聊天，請他們告訴我，這個魯迅研究小組成立後究竟寫過什麼文章。

可惜，「石一歌」小組集中發表文章的時候，我都隱藏在浙江山區，沒有讀到過。記得有一次下山覓食，在小鎮的一個閱報欄裡看到一篇署有這個名字的文章，但看了兩行發現是當時的流行套話，沒再看下去。因此現在很想略作瞭解，也好為那些擔驚受怕的退休教授們說幾句話。

那次我從臺灣回上海，便打電話給一位肯定參加過這個組的退休教授。教授不在家，是他太太接的電話。

我問：那個小組到底是什麼時候成立的？當時有哪些成員？

沒想到，教授太太在電話裡用哀求的聲音對我說：「那麼多報刊，批判成這樣，已經說不清。我家老頭很脆弱，又有嚴重高血壓，余先生，只能讓您受委屈了。」

我聽了心裡一哆嗦，連忙安慰幾句，就掛了電話，並為這個電話深感後悔。這對老年夫妻，可能又要緊張好幾天了。

這條路斷了，只能另找新路。

但是，尋「石」之路，並不好找。

要不，從進攻者的方向試試？

終於，想出了一個好主意。我在報刊上發表了一個「懸賞」，宣布那幾個進攻者只要出示證據，證明我曾經用「石一歌」的署名寫過一篇、一段、一節、一行、一句他們指控的那種文章，我立即支付自己的全年薪金，並把那個證據在全國媒體上公開發表。同時，我還公布了處理這一「懸賞」的律師姓名。

這個「懸賞」的好處，一是不傷害「石一歌」，二是不妨害進攻者。為了做到這兩點，我真是花了不少心思。

《南方週末》沒有回應我的「懸賞」，卻於二〇〇四年發表了一張據說是我與「石一歌」成員在一起的照片，照片上除了我還有兩個人，其中一個就是那個姓孫的發動者。照片一發，《南方週末》就把「石一歌」的話題繞開，轉而聲言，這個姓孫的人「清查」過我的「文革問題」。於是，又根據他提供的「材料」進行「調查」，整整用了好幾個版面，洋洋灑灑地發表。雖然也沒有「調查」出我有什麼問題，但是，讀者總是粗心的，只是強烈地留下了我既被「清查」又被「調查」的負面影響，隨著該報一百多萬份的發行量，覆蓋海內外。

尋「石」之路，居然通到了這麼一個險惡的大場面。

按照中國的慣例，「喉舌」擺出了如此架勢，那就是「定案」，而且是「鐵案」。

但是，在英國《世界新聞報》出事之後，我卻為《南方週末》深深擔憂起來。

因此，我要向該報的社長請教一些具體問題。

這些問題，當初我曾反覆詢問過該報的編輯記者，他們只是簡單應付幾句，不再理會。據我所知，也有不少讀者去質問過，其他包括一些法律界人士，但該報也都高高在上，不予回答。但是，今天我還是要勸你，尊敬的社長，再忙，也要聽一聽我下面提出的這些有趣問題。

四

第一個問題：貴報反覆肯定那個孫某人的「清查」，那麼請問，是誰指派他的？指派者屬於什麼機構？為什麼指派他？他當時是什麼職業？有工作單位嗎？

第二個問題：周恩來長期以來一直主持著中央日常工作，有人在他去世後「清查」他所布置的文化重建項目，應該由中央批准吧，有相關文件嗎？

第三個問題：如果真的進行過什麼「清查」，這個人怎麼會把「材料」放在自己家裡？他是誰？他是檔案館館長嗎？是人事局局長嗎？如果是檔案館館長或人事局局長，就能截留和私藏這些檔案材料嗎？

第四個問題：他如果藏有我的「材料」，當然也一定藏有別人的「材料」，那麼，「別人」的範圍有多大？他家裡的「檔案室」有多大？

第五個問題：這些「材料」放在他家裡，按照他所說的時間，應該有二十七年了。這麼長的時間，是誰管理的？是他一人，還是他家裡人也參加了管理？有保險箱嗎？幾個保險箱？鑰匙由誰保管？

第六個問題：我在上世紀八十年代擔任高校領導很多年，級別是正廳級，當時上級機關考察和審查官員的主要標準，恰恰是「文革表現」，而且嚴之又嚴。他既然藏有「清查」的「材料」，為什麼當時不向我的上級機關移送？是什麼理由使他甘冒「包庇」、「窩藏」之罪？

第七個問題：他提供的「材料」，是原件，不是抄件？如果是原件，有哪個單位的印章嗎？

第八個問題：如果是抄件，是筆抄，還是用了複寫紙？有抄寫者的名字嗎？

第九個問題：這些「材料」現在在哪裡？如果已經轉到了貴報編輯部，能讓我帶著我的律師，以及上海檔案館、上海人事局的工作人員，一起來看一眼嗎？

第十個問題：如果這些「材料」繼續藏在他家裡，貴報能否派人領路，讓我報請警官們搜檢一下？

……

先問十個吧，湊個整數，實在不好意思再問下去了。

我不知道社長是不是明白：這裡出現的，從一開始就不是什麼「歷史問題」，而極有可能是刑事案件。因為偽造文書、偽造檔案、盜竊檔案，在任何國家都是重大的刑事犯罪。

說「偽造文書」、「偽造檔案」，好像很難聽，但是社長，你能幫我想出別的可能來嗎？我願意一聽。

當然也可能是「盜竊檔案」，但機率不大。因為要盜竊，必定有被盜的機關。那是什麼機關？被盜後有沒有發現？有沒有追緝？我曾經詢問過上海的檔案機關和公安機關，他們粗粗一想，似乎沒有發現類似的案底。

那麼，更大的可能是偽造了。但仔細一想，偽造要比盜竊麻煩多了，為什麼要費那麼大的功夫去做？是一次性偽造，還是偽造了多次？貴報的人員有沒有參與？

我這樣問有點不禮貌，但細看貴報，除了以「爆料」的方式宣揚那次奇怪的「清查」外，還「採訪」了很多「證人」來「證明」我的「歷史」。但是這麼多「證人」，為什麼沒有一個是我熟悉的？熟悉我的人，為什麼一個也沒有採訪？這種事，總不能全賴到那個姓孫的人身上去了吧？

據一些熟悉那段歷史的朋友分析，第一次偽造，應該發生在十一屆三中全會否定「文革」之後，他們匆忙銷毀了大量的材料，只能用偽造來填補；第二次偽造，應該發生在我出任上海市教授評審組長一再否決了他們的職稱申請之後；第三次偽造，應該發生在不少文人和媒體突然都要通過顛覆名人來進行自我表演的時候。當然，如果貴報涉嫌參與，不會是第一、第二次。

需要向社長稟報的是，我已通過一個有趣的小官司，旁敲側擊地從一個同案犯手中，拿到了這些偽造的「材料」企圖轉移到湖北進行「異地漂白」以求脫罪的證據。這些文革舊人的鬼鬼祟祟，實在讓人啼笑皆非。堂堂貴報居然也置身其間，真是匪夷所思。

五

在法制面前，《南方週末》實在是夠大膽的了。但是，在「石一歌」的古怪經歷中，表現得最麻辣的，還是香港的《蘋果日報》。

香港《蘋果日報》二〇〇九年五月十五日A十九版發表文章說：「余秋雨在文革時期，曾經參加四人幫所組織的寫作組，是『石一歌』寫作組成員，曾經發表過多篇重大批判文章，以筆桿子整人、殺人。」

這幾句密集而可笑的謊言，已經撞擊到四個嚴重的法律問題，且按下不表，先說香港《蘋果日報》為什麼會突然對我失去理智。細看文章，原來，他們針對的是我在汶川五一二地震後發表的一段話。我這段話的原文如下——

有些發達國家，較早建立了人道主義的心理秩序，這是值得我們學習的，但在大愛和至善的集體爆發力上，卻未必比得上中國人。我到過世界上好幾個自然災害發生地，有對比。這次汶川大地震中全民救災的事實證明，中華民族是人類極少數最優秀的族群之一。

汶川地震後，正好有兩位美國朋友訪問我。他們問：「中國的五一二，是否像美國的九一一，災難讓全國人民更團結了？」

我回答說：「不。九一一有敵人，有仇恨，所以你們發動了兩場戰爭。五一二沒有敵人，沒有仇恨，中國人只靠愛，解決一切。」

開始我不明白，為什麼這段話會引起香港和內地那麼多中國文人的排斥。很快找到了一條界線：我雖然受盡傷害，卻願意在中國尋愛；他們雖然天天傷害別人，還堅持在中國尋恨。

與此同時，我在救災現場看到有些遇難學生的家長要求懲處倒塌校舍的責任者。我對這些家長非常同情，卻又知道這種懲處在全世界地震史上還沒有先例，難度極大，何況當時堰塞湖的危機正壓在頭頂，便與各國心理醫生一起，勸說遇難學生家長平復心情，先回帳篷休息。這麼一件任何善良人都會做的事情，竟然也被《蘋果日報》和其他政客批判為「妨礙請願」。

對此，我不能不對某些香港文人說幾句話。你們既沒有到過地震現場，也沒有到過「文革」現場，卻成天與一些造謠者一起端著咖啡杯指手劃腳，把災難中的高尚和恥辱完全顛倒了。我可以判斷，你們如果出現在災難現場，會是一夥什麼樣的人。很抱歉，那樣的人我們都見過，非常眼熟。

再想就一些歷史問題，請教香港《蘋果日報》的社長，我原來的文友——

首先，根據周恩來指示成立的魯迅傳編寫小組，在貴報上怎麼成了「四人幫所組織的」了？請出示證據。當時周恩來還活著，他是什麼時候轉讓出去的？為什麼要轉讓？轉讓手續如何？那些年「四人幫」還沒有形成，那又到底轉讓給誰？均請貴報一一明示。如果拿不出證據，那豈不成了一種明目張膽的詐騙？

當然，更重要的，是貴報指名道姓地確認某個人曾經用筆桿子「殺人」。這是頂級的刑事指控，千萬不要含糊過去。既然是殺人，當然有被殺者。幾個？是誰？被殺者的家屬還在不在？

如果貴報辯解，說用筆桿子殺人，並不是指真刀真槍，而是指用文章讓人致死。那也好，請指出是哪篇文章、哪些句子，引發了什麼病症，產生了致死的惡果？

這一系列嚴重的法律問題，目前在內地暫時還很難解決。貴報的文章，其實也只是在抄襲內地傳媒的誹謗。這正是中國社會目前遇到的最大癥結：天天由文化傳媒作著踐踏法律的示範、不知羞恥的示範、不受懲罰的示範，導致整個精神價值系統的不可收拾。難怪外國評論者發表文章說，現在中國社會經常出現「見死不救」的惡劣事件，是「文化菁英」們示範的結果。因此我多次公開表明，中國的文化問題，首先是精神價值的問題，要解決，就看那些顛倒善惡的官方傳媒，會不會受到法律懲罰。

我相信香港的法制，相信《世界新聞報》事件對香港的推動，也相信香港《蘋果日報》可能還有一點遵守法律的勇氣。因此，對於是否主動投案，有所期待。

與香港《蘋果日報》的事件同時，針對著我，又發生了所謂「詐捐」事件，同樣與五一二汶川大地震有關。

其實，那是同一個事件，同樣針對我的那一段話。

簡單說來，我因看到地震廢墟中的破殘書本，便悄悄地出資五十萬元人民幣為災區學校捐建了三個學生圖書館。這事不知道怎麼傳出去了，但是由於款項沒有進入中國紅十字會的帳目，就有人認定是「詐捐」，在全國網路和報刊上鬧騰了整整兩個月。災區教育局的官員多次出面，反覆證明我捐建的事實，居然也無濟於事。

這實在太奇怪了，難道中國紅十字會的帳目，比捐助的事實更重要？

我沒有走中國紅十字會的捐款之路，倒不是不信任他們，而是覺得他們太忙，不可能抽時間來為圖書館選書。那書，要我自己一本本地去選購。

其實我在海內外的其他捐款專案，數目都比這次大，也都沒有經過中國紅十字會。

這次先鬧起來的，是北京的一個盜版者。「盜版」和「捐書」在字義上正好對立，他不痛快，並不奇怪。奇怪的是，一個在電視上講《三國》故事講得不錯的文人，漸漸成了這一事件的主角。

我並不認識他，卻曾多次在傳媒上為他辯護，還正托人找他，準備向他提出兩方面的建議：一是在講歷史故事時，不要過多地宣揚「術」，而忽視了「道」；二是我發現了他「文筆遠不如口才」的幾個主要技術障礙，可以通過訓練一步步克服。但是還沒有找到他，他的進攻就來了，據說勢頭還挺猛，快速推高了全國性的誹謗大潮。在誹謗中，有些人又扯上了「石一歌」。

哈，又是「石一歌」。很快，我捐建的三個圖書館同時開張。很多氣不過的年輕朋友要借機「教訓」一下那個講《三國》故事的人，都被我阻止了。

怎麼「教訓」呢？那可是只有年輕人才想得出來的「損招」。例如，通過網路，把三個圖書館的明細帳目和購物發票全都一頁頁發送給他，請他慢慢核對，再定期公開詢問核對結果；又如，由接受捐建的幾所學校輪番隆重邀請他和那個盜版者一起參觀新建的圖書館，如不接受邀請便反覆再邀，公布一封封文筆極為誠懇的邀請信，等等。

這些做法，我都沒有同意。

誠然，這些做法全都有助於我恢復名譽，但極有可能對他產生巨大壓力。尤其是目前中國網路，「回頭潮」的衝擊力往往是致命的。所以，我竭力阻止事態擴大，一直等到事過境遷、不可能再有「回頭潮」的今天，略加說明，以證明那三個圖書館存世的正當性，那麼多學生天天進館閱讀的正當性。

在我看來，為了自己的名譽去稍稍傷害一個曾經嚴重傷害自己的人，也不能。

尋石之路，也是寬恕之路，積善之路，大愛之路。

六

寫到這裡，我想讀者也在笑了。一個不知所云的署名，被一個不知所云的人戴到了我的頭上，就怎麼也甩不掉了。連懸賞也沒有用，連地震也震不掉。這，實在太古怪了。

有人說，為別人扣帽子，是中國文人的本職工作。現在手多帽少，怎麼可能摘掉？

但是，畢竟留下了一點兒遺憾：戴了那麼久，還不知道「石一歌」究竟寫過什麼樣的文章。

終於，一個陽光明媚的日子來到了。

二〇一〇年仲夏的一天，我在河南省鄭州市的一個車站書店，隨手翻看一本山西出版的雜誌《名作欣賞》（總第三一八期）。開始並不怎麼在意，突然眼睛一亮。

一個署名祝勇的人，在氣憤地批判「石一歌」幾十年前的一次「捏造」。

「捏造」什麼呢？原來，一篇署名「石一歌」的文章說，魯迅在住處之外有一間祕密讀書室，在那裡閱讀過馬克思主義著作。

祝勇斷言，「石一歌」就是我，因此進行這番「揑造」的人也是我。不僅如此，祝勇還指控我的亡友陳逸飛也參與了「揑造」，因為據說陳逸飛畫過一幅魯迅讀書室的畫。那畫，我倒是至今沒有見到過。

被指名道姓地誣陷為「揑造」，誰也不會高興，但我卻大喜過望。十幾年的企盼，就想知道「石一歌」寫過什麼。此刻，我終於看到了這個小組最讓人氣憤的文章，而且是氣憤到幾十年後還不能解恨的文章，是什麼樣的了。

我立即買下來這本雜誌，如獲至寶。

被祝勇批判為「揑造」的文章，可能出現在一本叫《魯迅的故事》的兒童讀物裡。在我印象中，那是當時復旦大學中文系按照周恩來的指示復課後，由「工農兵學員」在老師指導下寫的粗淺作文，我當然不可能去讀。但是，如果有哪篇文章真的寫了魯迅在住處之外有一間讀書室，他在裡面讀過馬克思主義的著作，那可不是「揑造」。

因為，那是魯迅的弟弟周建人公開說過多次的，學員們只是照抄罷了。

周建人會不會「捏造」？好像不會。因為魯迅雖然與大弟弟周作人關係不好，卻與小弟弟周建人關係極好，晚年在上海有頻繁的日常交往。周建人又是老實人，不會亂說。何況，周建人在「文革」期間擔任著浙江省省長、全國人大副委員長，學員們更是沒有理由不相信。

其實，那間讀書室我還去參觀過，很舒服，也不難找。魯迅時代的中國知識份子，讀馬克思主義著作很普遍，魯迅也讀了不少。他連那位擔任過中共中央主要負責人、又處於通緝之中的瞿秋白都敢接到家裡來，還怕讀那些著作嗎？

原來，這就是「石一歌」的問題！

我懸了十幾年的心放了下來，覺得可以公布「石一歌」小組的真實名單了。但我還對那個電話裡教授太太的聲音保持著很深的記憶，因此決定再緩一緩。

現在且暫掩姓名，先粗粗地提幾句：

一九七二年根據周恩來指示在復旦大學中文系成立的魯迅傳編寫小組，組長是華東師範大學教師，副組長是復旦大學教師，組內有復旦大學六人，上海社會科學院一人，上海藝術研究所一人，華師大附中一人，上海戲劇學院一人即我，半途離開。由於人員太散，該組又由正、副組長和復旦大學一人、上海藝術研究所一人，組成「核心組」；

後來根據周恩來指示在上海市巨鹿路作家協會成立的「石一歌」魯迅研究小組，成立的時間我到今天還沒有打聽清楚，組長仍然是華東師範大學教師，不知道有沒有副組長，組內有華東師範大學二人，復旦大學三人，上海社會科學院二人，華師大附中一人。由於都是出於周恩來的同一個指示，這個小組與前一個小組雖然人員不同，卻還有一定的承續關係，聽說還整理過前一個小組留下的魯迅傳記。在這個小組正式成立之前，復旦大學中文系的部分學員也用過這個署名。

能公布到這個程度，實在應該感謝祝勇。

對祝勇，我只有一個勸告：今後無論如何也不要隨意傷害已經去世，因此不能自辯的大藝術家，如陳逸飛。中國，大藝術家實在太少。

而且，我們也應懂得，大藝術家的創作未必全是紀實。即使魯迅並沒有那個藏書室，陳逸飛用畫筆為他布置一個想像中的讀書環境，也未嘗不可。國際間很多大畫家都這樣做過。

七

好了，尋石之路大體已到盡頭，我也不想寫下去了。

石頭已經尋得。穿過密密層層的藜棘，終於得到了與這三個字相關的文章和名單。

最後，我不能不說一句：對「石一歌」事件，我要真誠地表示感謝。這三個字，給我帶來了好運。我這麼說，不帶任何諷刺。

第一，這三個字，給了我真正的輕鬆。本來，我這個人，是很難擺脫各種會議、應酬而輕鬆的，但是這個可愛的謠言救了我。當今官場當然知道這是謠言，卻又會百般敬畏造謠者，怕他們在傳媒上再次鬧事而妨害社會穩定。這一來，官場就盡量躲著我。例如我辭職那麼多年，從未見過所在城市的每一任首長，哪怕是在公眾場合。其實，這對我是天大的好事，使我不必艱苦推拒，就可以從各種頭銜、職務中脫身而出，擁有了幾乎全部自由時間。這麼多年來我種種成績的取得，都與此有關。貌似棄我，實為惠我。國內噪聲緊隨，我就到國外講述中華文化。正好，國際間並不在乎國內的什麼頭銜。總之，我摸「石」過河，步步敞亮。

第二，這三個字，讓我清晰地認知了環境。當代中國文化界的諸多人士，對於一項發生在身邊又延續十多年的重大誣陷，完全能夠識破卻不願識破。可能是世道不靖，同行的災難就成了他們安全的印證，被逐的孤鶩就成了他們窗下的落霞。於是，我徹底放棄了對文化輿論的任何企盼，因全方位被逐而獨立。獨立的生態，獨立的思維，獨立的話語，由至小而至大，因孤寂而宏觀。到頭來，反而要感激被逐。像一塊遺棄之石，唱出了一首自己的歌。這，難道正是這三個字的本意嗎？

第三，這三個字，使我愈加強健。開始是因為厭煩這項誹謗，奉行「不看報紙不上網，不碰官職不開會，不用手機不打聽」的六不主義，但這麼一來，失去了當代敏感管道的我，立即與自然生態相親，與古代巨人相融。我後來也從朋友那裡聽說曾有過一波波卷向我的浪潮，但由於我當時完全不知，居然纖毫無損。結果大家都看到了，我一直身心健康，快樂輕鬆，神定氣閑。這也就在無意中提供了一個社會示範：真正的強健不是呼集眾人、追隨眾人，而是逆反眾人，然後影響眾人。「大勇似怯」，「大慈無朋」。我因拒絕而強健，又因強健而慈悲。

由於以上三個原因，我認真考慮了很久，終於決定，把「石一歌」這個署名正式接收下來。

然後，用諧音開一間古典小茶館叫「拾遺閣」，再用諧音開一間現代咖啡館叫「詩亦歌」。或者，乾脆都叫「石一歌」，爽利響亮。

不管小茶館還是咖啡館，進門的牆上，都一定會張貼出各種報刊十幾年來的誹謗文章，證明我為什麼可以擁有這個名號。

如果那一批在這個名號後面躲了很多年的退休老教授們來了，我會免費招待；如果他們要我把這個名號歸還給他們，我就讓他們去找《南方週末》、《蘋果日報》。但他們已經年邁，要去廣州和香港都會很累，因此又會勸他們，不必多此一舉了。

我會端上熱茶和咖啡，拍拍他們的肩，勸他們平靜，喝下這四十年無以言表的滋味。

我也老了，居然還有閒心寫幾句。我想，多數上了年紀的人都會像那些退休老教授，聽到各種鼓噪絕不作聲。因此，可憐的是歷史，常常把鼓噪寫成了課本。

二〇一一年十月十五日

欠君三拜

一

只在二十八年前，與你無語地點過一次頭。因此，很難說認識你。近年來，我很想來拜訪一次，當面說一聲「謝謝」。但又覺得這樣不夠，應該請你吃一頓飯，並在席間站起身來，說明請你吃飯的理由，然後向你深深作三個揖。這在古代，叫做「拜謝」。

這事需要有人聯絡，否則就有點冒昧。聯絡人終於找到了，那就是復旦大學出版社的董事長賀聖遂先生。賀先生是一個令人快樂的情義中人，說起你，就兩眼發光，滔滔不絕地介紹起你的成就、為人和酒量。那正好也是一個聚餐的場合，他既然說到了你的酒量，也就興奮地舉起了酒杯，才幾杯就醉了。

幾次邀他聚餐，原來都是為了商量在什麼時間、什麼地點拜謝你，但他每次都醉得那麼酣暢，因此一直定不下來。

我以為，總有時間。心想不妨讓他在每次醉前多介紹你幾句，也好使我當面拜謝時增加一些話題。

事情就這麼拖了下來。

而我，則一直沒有向賀聖遂先生說明，為什麼要拜謝你。

終於，到了可恨的二〇一一年六月七日，那個漆黑的淩晨。我沒有來得及向你拜謝，你就離開了這個世界。

得知噩耗那天我站到窗口看著雲天，然後輕輕地搖了搖頭，在心裡說一聲：「欠君三拜」。

——上面所說的這個「君」，是誰？

是我國當代著名文史學家章培恒教授。

熟悉我文風的讀者都知道，我筆端空曠，從不膩情，但這次，是怎麼了？

原因是，我欠得奇特，又失之瞬間。

由此可見，天下一切感謝，都要及時。即使沒有生死之虞，也不可拖拉。

二

天下之謝，分很多等級。其中稱得上「重謝」的，也分七級，逐級遞升。

第一級，謝其厚賜；

第二級，謝其提攜；

第三級，謝其解困；

第四級，謝其解難解之困；

第五級，謝其一再解難解之困；

第六級，謝其一再解難解之困而並不相識；

第七級，謝其一再解難解之困而並不相識，卻又不給道謝的機會。

平心而論，第五級之後，已少之又少。但是，我對章培恒教授的感謝，屬於第七級，也就是最高級。

這裡有一個關鍵字匯——「難解之困」，必須認真作一點解釋。那就讓我先把章培恒教授讓過一邊，繞一個道兒再來請出他吧。

饑寒交迫、路斷橋塌，難不難？難。但難得明確，難得乾脆，難得單純，因此還不是最難。最難的是有人當眾向你提出一系列問題，你明知答案又不承擔保密義務，卻不能回答。因此眾人對你懷疑、起哄、追逼、鄙視、嘲笑、投汙、圍毆，你還是不能回答。

例如，一九三〇年兩位剛從歐洲留學回來的女子在南方某市成功創辦了一所新式女子學校，一時成為社會焦點。一年後教育督察部門派出一批「飽學之士」進行公開評測，主要項目是指定這兩位女教師向全校學生講解《東漢班昭所論婦德及宋儒對此之發展》。兩位女教師兩度要求換題而未果，便主動退出評測並離去。當地報紙發布新聞曰「不知婦德焉辦女學」。

直到五十年後，當年的一位女學生在回憶此事時寫道：「人的一生，其實由一連串問題和回答組成。千萬不要試圖回答別人給你出的一切問題。選擇問題就是選擇人生，選擇了自己，也選擇了別人。」

又如，在極左年代，一個著名的國際刑偵專家因為被懷疑是「西方特務」而被發配到一家工廠燒鍋爐。鍋爐房裡經常出現一些小物件如手套、茶杯失竊的瑣事，大家要他偵察，他都寂然沉默，全廠便傳開了一種輿論：「什麼專家？一個笨瓜！」直到兩年後發生了一宗極為重大的國家安全案件，中央政府著急地到處尋找他，他才離開鍋爐房，去了北京，並快速偵破。

後來他被問起鍋爐房裡寂然沉默的原因，只淡淡說了一句：「人是平等的，但專業是分等級的。真正的將軍、元帥，都不擅長街市毆鬥。」

又如，「文革」災難中造反派歹徒發起過一個「考教授」的運動。醫院裡的醫學權威都被趕進了考場，被要求回答打針、抽血、消毒等一系列只需要護士操作的技術問題。大學裡的著名教授也都被集中起來，接到了「革命群眾」出的一大堆所謂「文史知識」考題。很快造反派歹徒宣布，這些權威和教授「全是草包」。後來終於傳出消息，那些「考卷」幾乎都是空白。

「空白？」我父親聽到這個消息後顫抖了一下，他自從「文革」以來天天都在埋頭寫「交代」，回答「革命群眾」提出的各種問題，僅僅我替他代筆的，就多達幾十萬字，但怎麼也回答不清。從他知道可以用「空白」來回答之後，也就不再寫了，「革命群眾」立即把他關押了起來。

以前我也曾相信過「無事不可對人言」、「群眾的眼睛是雪亮的」、「真理愈辯愈明」、「勇於回答一切問題」、「真相終究大白於天下」之類的格言。等漸漸長大才知道，完全不是那麼回事。

我心中最美的圖像，就是那兩個在惡評中斷然離去的女子背影，婷婷嫋嫋；就是那一張在譏諷聲中寂然沉默的男子臉龐，爐火灼灼；就是那一頁頁不約而同繳上去的空白考卷，一塵不染。

是的，高貴的離去，高貴的沉默，高貴的空白。

我也曾設想，當時會不會出現另一種聲音，讓周圍很多無知的人醒悟：離去不僅僅是離去，沉默不僅僅是沉默，空白不僅僅是空白。但這很難，當「民間法庭」大行其道，各種判官大呼小叫，媒體輿論助紂為虐，如果發出另一種聲音，頃刻就會被淹沒掉。發出這種聲音的人，必須有足夠的勇敢、充盈的道義，又全然不計利鈍。

說到這裡，我們已漸漸靠近了章培恒教授。

三

問題出在我身上。

我受那些「離去、沉默、空白」的圖像影響太深，歷來不願意回答一切等級不對或來路不明的問題。近年來，文化傳媒界為了吸引讀者注意，已經習慣於把提問的品格降到最低，並且口氣獰厲變成逼問。後來，又把逼問變成了審判。我一如既往，連眼角也不會去掃一掃。據說，對我的逼問和審判已經在全國範圍內折騰了八、九輪，聲勢都很大，但我由於奉行「不看報紙不上網，不碰官職不開會，不用手機不打聽」的「六不主義」，完全置身局外。很多為我忿忿不平的朋友，見面後發現我居然一無所知，都大吃一驚。

但是，也有讓我左右為難的時候。

二〇〇三年，SARS剛過，上海有一個姓金的人，聲稱從我的《文化苦旅》裡「咬」出不少「文史差錯」，便寫成一本書。這本書立即進入亞洲暢銷排行榜，全國一百五十多家報刊熱烈呼應，成了繼SARS之後震動社會的重大事件。不少文化界朋友翻閱了那本書後告訴我，千萬不要去看，那些「差錯」，如果不是故意編排，至多只是一些有待請教我的問題，也不必由我親自回答，我的任何一個研究生都能輕鬆提供答案。可惜現在的報刊只要哄鬧，不要答案。

按照慣例，我當然不理。但麻煩的是，《文化苦旅》中的很多文章早已選入兩岸三地的大學、中學語文課本十餘年，我怎麼能讓那麼多教師、學生陷入困頓？而且，我這本書還有幸受到過當代諸多名家的褒獎和點評，例如饒宗頤、金克木、季羨林、柏楊、潘受、歐陽子、余光中、蔣勳、馮牧等等，有的還寫了專著出版，我如果完全不理，好像連他們這些大學者也都有了「差錯」嫌疑，那我又怎麼對得起他們？

因此，看來還是需要簡單回答幾句。但在回答之前似乎應該粗粗瞭解一下，這個人是誰？從何而來？從事什麼職業？

據傳媒介紹，他是《辭海》的編寫者。但顯然不是，因為我本人就是《辭海》的編寫者，又兼《辭海》正版形象代表，知道編寫者名單。媒體又說，他是上海文藝出版社《咬文嚼字》編輯部的編輯。但上海文藝出版社說，他們沒有這個員工。再問，終於知道是那個編輯部一個姓郝的仁兄從外面「借」來的。外面什麼地方？誰也說不清楚。

就在這時，重慶市一位八十多歲的退休語文教師馬孟鈺先生寫來長信，憑藉細緻的詞語分析，斷言那個人在「文革」中一定擔當過特殊角色。原上海師範學院的幾個退休教師也聯名來信，回顧了不寒而慄的往昔。我沒有興趣去查證，卻知道了那人屬於「來路不明」的範圍。

那個姓郝的人，我倒是認識。正準備向他詢問，他卻主動找來了，但找的方式卻非常奇特。照理他五分鐘內就能聯絡到我，卻不知為什麼偏偏去找了我四十年前讀大學時既不同班又不同年級的一位老同學，再請這位老同學找到我的小弟弟開的一家餐廳，委託小弟弟轉交一張密封的紙條。紙條上寫著，熱切希望安排他、姓金的人和我三人見面，成就一件「美事」。

我素以大膽著稱，卻也不敢參與這個「美談」。

現在中國文化又一次面臨著精神結構的大轉型，而阻礙轉型的一個個泥坑卻都振振有詞地迷惑著人們。在八十多年前的上一次大轉型中，魯迅塑造過一個知道茴香豆的「茴」字有四種寫法的「咬文嚼字專家」孔乙己，卻又讓他斷足，讓他死亡，成為一種象徵性的文化宣判。魯迅、胡適、陳獨秀這些新文化闖將，遠比孔乙己他們更有能力「咬文嚼字」，因此宣判得特別有力。現在，面對新一次轉型，還有沒有這樣的人？

對此，我頗感蒼涼。中國當代文人，雖也缺少學問，卻更缺少扶正祛邪、抗擊媒體炒作的道義勇氣。結果，攻擊者、炒作者、旁觀者一起構成了和諧默契，看似群鴉回翔，卻是寒氣砭骨。

突然，完全出乎意料，傳來了喘然響聲，似有人拍案而起。

遠遠看去，那個拍案而起的人，有一系列很高的專業身分。例如，全國高等院校古籍整理研究工作委員會副主任、國家教育部社會科學委員會副主任、復旦大學中國古代文學研究中心主任……，他，就是章培恒教授。

我記得有一位日本漢學家曾經說過：「章培恒教授是錢鍾書先生之後最淵博的文史百科全書。」

——寫到這裡，我心中默念著「罪過、罪過」。何處閑漢在廟門外高聲喧鬧，本來讓幾個護院沙彌舉著掃帚驅趕一下就可以了，怎麼驚動了巍峨法座上的大菩薩？他舉起的，當然不是掃帚，而是禪杖。

二〇〇三年十月十九日，章培恒教授親自撰寫文章並在《文匯報》上刊出。他顯然完全不知道那個姓金的人是誰，卻通過實例解析作出判斷，此人發表的「咬嚼」文章，本身就包含著「駭人的錯誤率」，有的是連高中學生也不會犯的錯誤。章教授還以實例進一步推斷，此人連一些最基本的文史典籍的目錄都沒有翻過。

因此，章培恒教授得出明確的結論：此人對我的「咬嚼」，是「無端的攻擊乃至誣陷」；造成這麼大的惡性事件，主要原因是「媒體的炒作」。

原來，他手上的「禪杖」是檀木鑲銅，挺拔威嚴，在夕陽下幽光閃爍。

居然，連目錄也沒有翻過？連高中生也不如？怎麼會是這樣！很自然，我不能不聯想到「文革」中那些造反派歹徒「考教授」的事件。但願只是巧合，是我聯想過度。

不管怎麼說，章培恒教授幫我解決了一個難題。我作為當事人固然不能被他們纏進去，但是如果大家都不「纏」，中國文化真要被他們纏暈了。

我原來心中的三種高貴圖像，那兩個離去的女子，那一個沉默的男子，那一堆空白的考卷，應該有補充了。如果好人全然離去，全然沉默，全然空白，世界將會如何？

由於都發生在二〇〇三年，我立即想到了抗SARS的英雄鐘南山教授。他一次次勇敢地深入病區，直面病毒，最後終於帶領著大家戰勝了SARS。如果他嫌棄病毒太卑微、太邪惡，不予理睬，那就不是受人尊敬的醫學專家了。在他之後不久，就輪到了章培恒教授的深入。

遺憾的是，章培恒教授的運氣遠不及鐘南山教授。他在《文匯報》上發表了那篇文章後，國內一百五十多家熱烈傳播了「咬嚼」事件的「涉案媒體」，卻完全沒有反應，毫無表情。因此直到今天，絕大多數被「咬嚼」傳染的讀者，還沒有被章教授治療。

幾年後，我與鐘南山教授一起被一所大學授予「榮譽博士」稱號，得以相聚。鐘南山教授對我說，他正在籌建一門「人文醫學」，希望我參與。我說：「至少在目前，中國的人文學科需要獲得醫學的幫助，尤其在傳染病的防治上。」

四

一百五十多家「涉案媒體」的統一表情，顯然使那個姓金的人徹底放鬆。他竟然偽造了一個事件，試圖讓章培恒教授與我對立起來。偽造什麼呢？是說我寫的《中國戲劇史》中有關洪昇生平的一段資料，「剽竊」了章培恒教授《洪昇年譜》中的相關內容。這一下，全國的報刊以北京的一家讀者報、天津的一家文學刊物領頭，又鬧翻天了。

那個姓金的人更興奮了，立即發表文章說，他的揭發，已經「引起了京、滬、寧、粵等地學術界的譁然」。為此，他還在華北的一家文藝出版社出了一本書。

接下來的事情變得有點驚險。他們好像預判章培恒教授不會進來趟渾水，便由北京的一個盜版者領頭，以我「剽竊」章培恒教授為理由，在網路和媒體上發起了一個把我「驅逐出世界遺產大會」的運動。因為這個大會之所以在中國蘇州召開，與我密切相關。大會的各國組織者們不知道怎麼回事，只怕他們到會場外面聚眾鬧事，便安排我避開會議。

誰知，章培恒教授本人在最短時間內發表了一篇洋洋灑灑的長文：〈余秋雨何曾剽竊我的著作〉。

他以當事人身分發布最權威的結論，所謂「剽竊」云云，純屬「蓄意誣陷」。

就在這時，一位記者打電話給姓金的人，說我的原著中並無任何「剽竊」痕跡。誰知那個人回答：「我當時有點想當然」。他居然沒有任何歉意。

記者發表了他「想當然」的遁詞。但是，全國那麼多參與誣陷的報刊，都假裝沒有聽到。

稍懂法律的人一看便知，有了章教授本人的證詞，再配合相應的物證，我只要到法院起訴，被告必輸無疑。而且，由於誣陷的內容是「剽竊」，又牽涉到那麼多媒體，牽涉到國際會議，這應該是一個不小的刑事案件。按照英國法院處理《世界新聞報》事件的標準，應該還有一批報社、出版社的社長、總編要進監獄。

反之，面對這樣重大的刑事犯罪，我如果繼續忍氣吞聲不起訴，倒會讓人產生疑惑。

但是，大家都看到了，我沒有起訴。

原因是，我仔細梳理了一遍事件始末，突然對那個姓金的人擔憂起來。乍一看，此人太不像話，但再一想，不對。一個人，只要有一點點正常思維，絕對不會這麼做。

試想，章教授剛剛還在嚴厲批斥他，他卻要做章教授的保護人，這已經夠離譜的了；何況，他自己心裡知道，所謂「剽竊」，是徹底的捏造。把這種捏造發表到全國那麼多報刊，他怎麼會一點兒也不害怕？

世間當然也有人為了巨大的利益而不顧一切，鋌而走險，但是，他拋出這麼一個一戳就破的捏造，對他又有什麼好處呢，哪怕一絲一毫？

說到這裡，我想很多讀者都已經靠近我的推斷：這個人，恐怕存在精神方面的障礙。

這種障礙的一個顯著特徵，就是單純的破壞性亢奮，不講邏輯，不計後果，不問成敗，不知羞愧，既不膽怯，也不後悔。三十多年前我作為受害人曾旁觀過很多「造反派」首領的言談舉止，似乎都有一點這種特徵。由此我早就發現，很多變態的政治事件背後，都埋伏著病理原因。

發現這一點並不感到好笑，反而覺得可怕。因為政治事件可以過去，而病根很難清除。

那個姓金的人，無論過去是否讓人「不寒而慄」，現在也應該已經蒼老，卻卸不掉隔代的沉屙。於是，明明是歷史的障礙，卻成了他的精神障礙；明明是時代的疾病，卻成了他的個人疾病。這，還不值得憐憫嗎？

在一個聚會的場合，上海長海醫院的一位醫生告訴我，這個姓金的人，腰椎出了大問題，要動手術，正好由他主刀。我一聽，連忙拜託他精心治療，並說如果在醫療經費上發生了困難，我可以支援，但不要告訴病人。

姓金的病人引發了我的很多聯想。是的，我們歷來認為最可恨的一群，或許也是最可憐的。粗粗一算，除這個人之外，這麼多年來那五、六個已經出了名的「批余專業戶」，至少有三個早已明顯地表現出精神障礙，他們的同事都主動向我提供過大量令人噴飯的笑料。另有兩個，則因陷於戲劇、小說的低級幻覺而患上了職業病，其實也很值得同情。

文壇本是一個精神病患的多發地，中國文壇更是。很多文人只學會了批判別人的本事，沒有任何謀生專業，在轉型時期患上了「恐慌性瘋癲」。出現這些情況並不可怕，可怕的倒是媒體。大概是從二十世紀的末尾開始，我國很多文化傳媒和文藝出版社，為了發行量而大肆尋找刺激，便把那些特別喜歡用文字攻擊他人的精神失控者當作了寶貝。其實仔細一想，他們這樣做，最對不起的，並不是被攻擊者，反倒是那些精神失控者本人。支使這些病人在公共領域如此瘋瘋癲癲地觸法、犯法，很不人道。

我由於看得太多，心生悲憫，從不反駁精神失控者，就連他們出版了一大堆「找不出十句真話」（楊長勳教授評語）的誹謗書籍，我也完全不理。我很健康，不怕蒙汙。如果我還手了，份量就會太重，人家畢竟是病人。

憫世則無心清己，救溺則無懼濕身。為此，我還破例接受邀請，擔任了上一屆世界特殊奧運會的文化總顧問。「特殊」，是指智障。為了構思那場後來震動國際的開幕式，我與很多外國專家探討了很久。他們都驚訝我對智障者的熟悉程度，以為我親族中有這樣的人。我搖頭，然後告訴他們，這些年來，托中國文化傳媒和出版社之賜，我已經近距離地觀摩過大量進攻型的智障人群。我必須從整體上幫助他們。

我估計，章培恒教授也看出了這一系列事件背後的「病理原因」，因此他在一篇篇文章中絕不和金某人對話，只是向著上當的民眾宣布學術結論，並厲聲地責斥那些傳媒。

但是，無論如何，讓這麼一位七十高齡的大學者去面對一堆精神錯亂的文句，我至今想來還十分心疼。

五

幸好，世上一切劣行都有可能引出美事。

那個人和那些報刊為了偽造，硬把我的戲劇史和章培恒先生的《洪昇年譜》扯在一起，但他們哪裡知道，這裡埋藏著一段珍貴的記憶。

事情還要回到二十八年前，一九八三年。那年，章先生還只有四十九歲，我三十七歲。我們兩人，同時獲得「全國戲劇理論著作獎」。他的獲獎作品，正是《洪昇年譜》；我的獲獎作品，是《世界經典戲劇學》（初版名為《戲劇理論史稿》）。

現在社會上評獎太多，誰也不當一回事了。但在二十八年前，情況完全不同。

「文革」災難過去不久，改革開放剛剛起步，中國學術界人數不多，開始有機會抱著悲涼的心情從頭收拾極為稀少的已有成果了。可以獎勵的項目，很難尋找。

在這番艱難的尋找中，有一個禁區邊緣的倔強生命，引起了人們的高度注意。這個禁區，就是作為「文革」起點的戲劇領域。不管是〈海瑞罷官〉，還是「革命樣板戲」，都成了生死的符咒、全民的蠱惑。現在已經很難想像了，十年浩劫，在整個文化領域，最大的罪名和最大的勇敢，都是出於對那幾台「革命樣板戲」的態度。很多人為此失去了自由，甚至生命。

這股巨大的極端主義浪潮，在「文革」之前、一九五七年之後已經很有勢頭。在那種氣氛下要遵循學術規範研究一點不同時代、不同地域的戲劇史論，那就需要一點嶙峋風骨了。

章培恒先生恰恰在一九五七年之後，頭頂著與「胡風集團」有關的政治惡名，開始研究清代昆劇作家洪昇。當時，還有一些更年長學者在做類似的事。因此，一九八三年的這次全國戲劇理論著作獎的評選，其意義也遠遠超越了戲劇，而是對一種文化氣節的重點檢視。

那次獲獎的著作有二十部，但其中有一半作者，已不在人世。因此，授獎儀式頗為隆重，幾乎當時北京各個文化領域的重要人物都來了。當那些去世者的家屬上臺領獎時，全場一片唏噓。

但是，八〇年代又是一個敢於面向未來的年代。代表獲獎者上臺發言的，是最年輕的那一個，我。

我獲獎的那部著作，長達六十八萬字，通論世界古代十四個國家的戲劇學，當然不可能在短時間內完成。任何人都能判斷，那必定是在「文革」中已經偷偷開始了的一個龐大工程。

當時我已是上海戲劇學院的青年教師，居然憑著對極左派的憎惡，借著周恩來文化重建的膽氣，私底下串聯、鼓動其他教師一起，抵拒「樣板戲」進入戲劇學院各系、各專業的課堂。名為戲劇學院居然不講「樣板戲」，這在當時幾乎不可思議，因此我們的行為非常冒險。掌權的「工人宣傳隊」對此產生了警惕，碰巧當時正好又一次掀起了「學馬列」的運動，我就翻開馬克思對莎士比亞的高度評價給他們看。他們一再查驗馬克思著作的真偽，終於在將信將疑之中勉強同意在教學中引入莎士比亞。與此同時，我又利用與圖書館一位姓蔡老職工的私人關係，借出了幾本英文著作，開始細鑽古希臘和古印度的戲劇學，後來再延伸到其他國家。這就是我那部獲獎著作的起點。當然，整體工程的完成，還在災難結束之後。

讓我高興的是，這部著作在獲獎後被作為教材使用，使用十年後又在一九九三年獲得國家文化部頒發的「全國優秀教材一等獎」。

記得那次我要代表獲獎者發言之前，一一徵求了其他獲獎者的意見，卻沒有找到章培恒先生。據會議工作人員說，他去看望自己在北京的學生了。等到頒獎大會開始，他才出現，但我已經不可能向他徵求意見了，只是在上臺發言前向他點了點頭。他一笑，也向我點了點頭。

那時國家很窮，主持評獎活動的杜高先生抱歉地在會上說，他幾度爭取，想給每個獲獎者發一千元獎金，但沒有爭取到。好像是發了幾百元吧，忘了。但是，給每個獲獎者都發了一個獎座，是一件仿製的駱駝唐三彩。

我抱著獎座離開會場的時候，看見章培恒先生正在門口與他的一位學生爭執。章先生硬要把這個獎座送給那個學生，不斷地說著理由：「我沒法把它帶到上海，路上非碎了不可，非碎了不可……」

學生不斷地用手推拒著，連聲說「這怎麼可以，這怎麼可以……」

章培恒先生的表情嚴肅而誠懇，說：「你再推，現在就碎了，現在就碎了……」

我沒有再看下去，抱著那個獎座回到了住處。

對於這個獎座，我在《借我一生》中曾有過一段記述——

我的第一部學術著作獲得的一個獎座，是一件仿製的駱駝唐三彩。陶質，很大，屬於易碎物品，不容易從北京捧回上海。更麻煩的是，這只駱駝的嘴裡還翹出一條又長又薄的舌頭，一碰就斷。據評獎部門的工作人員說，他們拿到發獎地點時已斷了一大半，因此不斷去換。

既然這樣，為什麼不去更換一種獎品呢？

他們說，這個駱駝太具有象徵意義了：在那麼荒蕪的沙漠中居然也能走下來。看到它就想起沙漠，那個剛剛走出的文化沙漠。

一位小姐壓低聲音補充道：「還有一層象徵，走過那麼乾涸的沙漠居然還驕傲地翹著舌頭。但這個舌頭，時時就可能斷了。」正因為這種種象徵，他們不換。

我抱著駱駝小心翼翼地坐飛機回到上海，舌頭沒斷；到家，沒斷；放在寫字臺上，沒斷。

我鬆了一口氣，見駱駝上有一點灰塵，拿著一方軟布來擦，一擦，斷了。

六

由於再也沒有遇到章培恒先生，我就一直不知道他的那個駱駝唐三彩到底有沒有被學生接受。如果由他帶回上海，斷了沒有，碎了沒有。

但是，回想我那座駱駝的舌頭終於折斷的那一刻，耳邊確實響起了章先生幾天前的聲音：「非碎了不可，非碎了不可……」

斷了，碎了；碎了，斷了——這難道就是沙漠跋涉者永遠的宿命？

我想，二十八年前的章培恒先生和我，剛從一場昏天黑地的災難中走出，以為在這荒原之上，風會漸清，沙會漸停，「碎了」、「斷了」的只是唐三彩，而不是我們。

怎麼也沒有想到，二十八年過去，風沙卻愈來愈大。

那些風沙，鋪天蓋地，氣勢非凡，卻從來不會站在駱駝一邊。

從微觀上看，它們那麼瑣細，甚至無形。對於龐然大物的駱駝，它們有太多攻擊的理由。它們自稱「弱勢群體」，但一旦成勢，沒有一頭駱駝能夠躲避，只能蹲伏大地，任其肆虐。

駱駝有自己的目標，從不反擊風沙；而風沙沒有目標，除了肆虐還是肆虐。遺憾的是，駱駝會死，風沙卻不會死。

如果順著二十八年前那個象徵性的獎座來比喻，那麼，當時二十頭獲獎「駱駝」中，有十頭在獲獎前已經死於沙漠。留下的十頭，當時在場並由我代表的，後來也都漸漸老去，逐一倒下。他們是怎麼被風沙掩埋的，互相之間都不清楚。最後兩頭，應該就是章培恒先生和我。

章先生這頭駱駝，聽說後來一直重病纏身。他在重病之中還向我呵了兩口熱氣。現在回想，這已經是他在沙漠殘照中的艱難呼吸。世上何謂高貴？那就是，連最後的艱難呼吸，也在向風沙抗爭。

現在，只剩下我這頭駱駝了。

再往前走一程吧，低頭看一排孤獨的腳印。很快連腳印也找不到了，因為這年月，風沙為王。

但是，我總是心存樂觀。雖然眼下沒有腳印，但在我眼睛看不到的地方，應該還有駱駝走過。

仰望雲門

一

近年來，我經常向大陸學生介紹臺灣文化。

當然，從文化人才的絕對數量來說，大陸肯定要多得多，優秀作品也會層出不窮。但是，從文化氣氛、文化底線、文化守護、文化品行等方面來看，臺灣至少在目前，明顯優於大陸。由於同是華人，對比相當直接；由於同是華人，學習又比較方便。我一直主張，大陸在這方面不妨謙虛一點，先到臺灣仔細看看，再比比自己到底失去了什麼。

我想從舞蹈家林懷民說起。

當今國際上最敬重哪幾個東方藝術家？在最前面的幾個名字中，一定有來自臺灣的林懷民。

真正的國際接受，不是一時轟動於哪個劇場，不是重金租演了哪個大廳，不是幾度獲得了哪些獎狀，而是一種長久信任的建立，一種殷切思念的延綿。

林懷民和他的「雲門舞集」，已經做到這樣。雲門早就成為全世界各大城市邀約最多的亞洲藝術團體，而且每場演出都讓觀眾愛得痴迷。雲門很少在宣傳中為自己陶醉，但亞洲、美洲、歐洲的很多地方，卻一直被它陶醉著。在它走後，還陶醉。

其實，雲門如此轟動，卻並不通俗。甚至可說，它很艱深。即使是國際間已經把它當作自己精神生活一部分的廣大觀眾，也必須從啟蒙開始，一種有關東方美學的啟蒙。對西方人是如此，對東方人也是如此。

我覺得更深刻的是對東方人，因為有關自己的啟蒙，在諸種啟蒙中最為驚心動魄。

但是，林懷民並不是啟蒙者。他每次都會被自己的創作所驚嚇：怎麼會這樣！他發現當舞者們憑著天性迸發出一系列動作和節奏的時候，一切都遠遠超越事先設計。他自己能做的，只是劃定一個等級，來開啟這種創造的可能。

雲門的話題關及人類生存的根本，不可能具體。要給，也只給一個路標，雲門帶著觀眾走一條條雲水縹緲的大道。林懷民拒絕任何琳琅滿目的暗道小路。

舞者們超塵脫俗，赤誠袒露，成了一群完全洗去了尋常「文藝腔調」的苦行僧。他們在海灘上匍匐，在礁石間打坐，在紙墨間靜悟。潛修千日，彈跳一朝，一旦收身，形同草民。

只不過，這些草民剛剛與陶淵明種了花，跟鳩摩羅什誦了經，又隨王維看了山。

二

罕見的文化高度，使林懷民有了某種神聖的光彩。但是他又是那麼親切，那麼平民，那麼謙和。

林懷民是我的好友，已經相交二十年。

我每次去臺灣，旅館套房的客廳總是被鮮花排得滿滿檔檔。旅館的總經理激動地說：「這是林先生親自吩咐的」。林懷民的名字在總經理看來如神如仙，高不可及，因此聲音都有點顫抖。不難想像，我在旅館裡會受到何等待遇。

其實，我去臺灣的行程從來不會事先告訴懷民，他不知是從什麼途徑打聽到的，居然一次也沒有缺漏。

懷民畢竟是藝術家，他想到的是儀式的延續性。我住進旅館後的每一天，滿屋子的鮮花都根據他的指示而全部更換，連色彩的搭配都有每天不同的具體設計。他把我的客廳，當作了他在導演的舞臺。

「這幾盆必須是淡色，林先生剛剛來電話了。」這是花店員工在向我解釋。我立即打電話向他感謝，但他在倫敦。這就是藝術家，再小的細節也與距離無關。

他自家的住所，淡水河畔的八里，一個光潔如砥、沒有隔牆的敞然大廳。大廳是家，家是大廳。除了滿壁的書籍，窗口的佛雕，再也沒有讓人注意的家具。懷民一笑，說：「這樣方便，我不時動一動。」他所說的「動」，就是一位天才舞蹈家的自我排練。那當然是一串串足以讓山河屏息的形體奇蹟，怎麼還容得下家具、牆壁來礙手礙腳？

離住家不遠處的山坡上，又有後現代意味十足的排練場，空曠、粗厲、素樸，實用。總之，不管在哪裡，都洗去了華麗繁縟，讓人聯想到太極之初，或劫後餘生。

這便是最安靜的峰巔，這便是《呂氏春秋》中的雲門。

三

雲門使我對臺灣的文化氛氛，倍加敬重。

因為這麼一座安靜的藝術峰巔，幾乎整個社會都仰望著、佑護著、傳說著、靜等著，遠遠超出了文化界。

在臺灣，政治辯論激烈，八卦新聞也多，卻很少聽到有什麼傑出的藝術家受到了同行的傾軋、傳媒的圍攻。這幾乎是不可能的事，因為同行和傳媒不會這麼愚蠢，去傷害全民的精神坐標。林懷民和雲門，就是千家萬戶的「命根子」，誰都寶貝著。

林懷民在美國學舞蹈，師從葛蘭姆，再往上推，就是世界現代舞之母鄧肯。但是，在去美國之前，他在臺灣還有一個重要學歷。他的母校，培養過大量在臺灣非常顯赫的官員、企業家和各行各業的領袖，但在幾年前一次校慶中，由全體校友和社會各界評選該校歷史上的「最傑出校友」，林懷民得票第一。

這不僅僅是他的驕傲。在我看來，首先是投票者的驕傲。因為這個投票結果表明，大家都懂輕重，知厚薄，明高低。

在文化和藝術面前，只能委屈校友中那些官員、企業家和各行各業的領袖了。其實他們一點兒也沒有感到委屈，全都抽筆寫下了同一個名字。對此，我感慨萬千。熙熙攘攘的臺北街市，吵吵鬧鬧的臺灣電視，乍一看並沒有發現多少含量，但只要林懷民和別的大藝術家一出來，大家剎時安靜，讓人們立即認知這個社會的品質。

記得美國一位早期政治家J．亞當斯（John Adams,1735-1826）曾經說過：

我們這一代不得不從事軍事和政治，為的是讓我們兒子一代能從事科學和哲學，讓我們孫子一代能從事音樂和舞蹈。

作為一個政治家的亞當斯我不太喜歡，但我喜歡他的這段話。

我想，林懷民在臺灣受尊敬的程度，似乎也與這段話有關。

四

有一件事讓我想起了這段話。時任中國國民黨榮譽主席的連戰先生首度訪問大陸，會見了大陸的領導人。他夫人寫了一本記錄這一重大政治事件的書，由連戰先生親自寫了序言。但是，他們覺得在這個序言前面還要加一個序言，居然邀請我來寫。他們對我並不熟悉，只知道政治職位上面，應該是無職位的文化。結果這本書在大陸出版時，大家怎麼也想不明白這個奇怪的排序。

同樣讓我想起亞當斯這段話的，還有臺灣的另一位文化巨匠白先勇。白先勇先生是國民黨名將白崇禧的愛子，照常理，很難完全不理會這個重大政治背景。如果他自己不理會，別人也會用各種方式牽絲攀藤。但是，他對政治背景的不在意程度，已經到了連別人都不好意思提及。他後來也寫過一本書《父親和民國》，筆調是那麼平靜，絲毫沒有我們常見的那種「貴胄之氣」。

二十幾年前海峽兩岸還處於極為嚴峻的對峙狀態，但白先勇先生卻超前來了。不是為了尋親，不是為了紀念，也不是為了投資，而是只為文化。他的〈遊園驚夢〉在大陸排演，由俞振飛先生擔任昆曲顧問，由我擔任文學顧問。這一來，讓他不小心讀到了我的文章。後來多少年所發生的事情，讓我現在一回想起來就深感歉疚。

他把我的文章，一篇篇推薦給臺灣報刊。臺灣報刊就把一筆筆稿酬寄給他，讓他轉給我。但他當時還在美國西海岸的聖塔芭芭拉教書，而那時美國到中國的匯款還相當不便。他只能一次次到郵局領款，把不整齊的款項湊成一個整數，然後再到郵局去寄給我。

我至今還保留著他寄來的一大堆信封，上面密密麻麻地寫著收匯人和寄匯人的複雜地址，且以中文和英文對照。須知，這可是現代世界最優秀的華人作家的親筆啊，居然寄得那麼多，多麼勤，多麼密。兩岸的政治對立，他自己的政治背景，全被文學穿越，全被那些用重筆寫出的地址所穿越。

我二十多年前第一次去臺灣，就是白先勇先生花費巨大努力邀請的。他看到了我寫昆曲的一篇文章，我在那篇文章中不用誇張的語言，只從明代觀眾中痴迷的人數、程度和時間，來論證世界範圍內曾經最深入社會肌膚的戲劇範型是昆曲。他極為讚賞，讓我到臺灣發表演講。這也算是大陸學者的「第一次」吧，一時十分轟動又十分防範，連《中國時報》要採訪我都困難重重。一天晚上，聽說《中國時報》派了一名不能拒絕的重要記者來了。我一看，這名「記者」不是別人，而正是白先勇先生。那個晚上，他真像記者一樣問了我很多問題，絲毫沒有露出他既是文學大家、又是昆曲大家的表情。第二天，報紙上刊登他採訪我的身分，竟然是「特約記者」，這真讓我感動莫名。

對於地位高低，他毫不在乎；對於藝術得失，他絕不讓步。

對於我的辭職，他聽了等於沒聽；但有一次他不知道從哪兒聽來傳言，說我有可能要「擱筆」了，便立即遠道趕到上海，在我家裡長時間坐著，希望不是這樣。

那夜他坐在我家窗口，月亮照著他儒雅卻已有點蒼老的臉龐。我一時走神，在心中自問：眼前這個人，似乎什麼也不在乎，卻那麼在乎文學，在乎藝術。他，難道就是那位著名將軍的後代嗎？

但是我又想，白崇禧將軍如果九天有知，也會為他的後代高興，因為這符合了那位美國將軍亞當斯的構思。

五

從林懷民先生在旅館裡天天布置的鮮花，到白先勇先生以記者的身分對我的採訪，我突然明白，文化的魅力，就在於擺脫實用，擺脫功利，走向儀式。

只有儀式，才能讓人拔離世俗，上升到千山肅穆、萬籟俱靜的高臺。

有人問我：「你說了臺灣文化的很多亮點，那麼，最重要又最難以摹仿的亮點是什麼？」

我回答：「儀式。那種溶解在生活處處的自發文化儀式。」

從四年前開始，臺灣最著名的《遠見》雜誌作出一個決定，他們雜誌定期評出一個「五星級市長」，作為對這個市長的獎勵，可以安排我到那個城市作一個演講。可見，他們心中的最高獎勵，還是文化。這樣的事情已經實行了很多次，每當我抵達前兩天，那個城市滿街都掛上了我的巨幅布幔照片，在每個燈柱、電線桿上飄飄忽忽，像是我要競選高位。我想，至少在那兩天，這座城市進入了一個文化儀式。直到我講演完，全城的清潔工人一起動手，把我的巨幅布幔照片一一拉下、捲起，扔進垃圾堆。

我在臺灣獲得過很多文學大獎，卻一直沒有機會參加頒獎儀式。原因是，從評獎到領獎，時間很短，我的簽證手續趕不上。但終於，二〇一一年，我趕上了一次。

先有電話打來，通知我榮獲「桂冠文學家」稱號。光這麼一個消息我並不在意，但再聽下去就認真了。原來，這是臺灣對全球華語文學的一種隆重選拔，因此這次的評委主任是原新加坡作家協會主席、新加坡國立大學中文系主任王潤華教授。設獎至今幾十年，只評出過四名「桂冠文學家」，我是第五名。前面四名中，兩位我認識，那就是白先勇先生和高行健先生，其他兩位已經去世。

頒獎儀式在元智大學，要我作長篇演講。然後，離開會場，我領到一棵真正出自南美洲的桂冠樹，由兩名工人推著，慢慢步行到栽植處。這條路不短，兩邊排滿了熱情的觀眾。到了栽植處，我看到一個美麗的亭子，亭子前面的園林中，確實已種了四棵樹，每棵樹下有一方自然形態的花崗石，上面刻著獲獎者的簽名。白先勇先生的簽名我熟悉，而他那棵樹，則長得鬱鬱蔥蔥。我和幾個朋友一起鏟土、挖坑、栽樹、平整。做完，再抬頭看看樹冠，低頭看看簽名石，與圍觀者一一握手，然後輕步離開。

我想，這幾棵桂冠樹一定會長得很好。白先勇先生當年給我寫了那麼多橫穿地球的信，想把華語文學拉在一起，最後，居然是相依相傍。

於是，頒獎儀式也就成了生命儀式。

六

文化是一種手手相遞的炬火，未必耀眼，卻溫暖人心。余光中先生也是從白先生推薦的出版物上認識了我，然後就有了他在國際會議上讓我永遠汗顏的那些高度評價，又有了一系列親切的交往，直到今日。

余光中先生寫過名詩〈鄉愁〉。這些年大陸很多地方都會邀請他去朗誦，以證明他的「鄉愁」中也包括著當地的省份和城市。那些地方知道他年事已高，又知道我與他關係好，總是以我有可能參加的說法來邀請他，又以他有可能參加的說法邀請我，幾乎每次都成功，變成一場場的「兩余會講」。

「會講」到最後，總有當地記者問余光中先生，《鄉愁》中是否包括此處。我就用狡黠的眼光看他，他也用同樣的眼光回我，然後優雅地說一句：「我的故鄉，不是這兒，也不是那兒，而是中華文化。」

我每次都立即帶頭鼓掌，因為這種說法確實很好。

他總是向我點頭，表示感謝。

順便他會指著我，加一句：「我們兩個都不上網，又都姓余，是兩條漏網之魚。」

我笑著附和：「因為有《余氏家訓》。先祖曰：進得網內，便無河海。」

但是，「兩余會講」也有嚴峻的時候。

那是在馬來西亞，兩家歷史悠久的華文報紙嚴重對立、事事競爭。其中一家，早就請了我去演講，另一家就想出對策，從臺灣請來余光中先生，「以余克余」。

我們兩人都不知道這個背景，從報紙上看到對方也來了，非常高興。但聽了工作人員一說，不禁倒抽冷氣。因為我們兩已經分別陷於「敵報」之手，只能挑戰，不能見面。

我們被懵了，其實那兩家報紙也被懵了。因為它們怎麼也想不到，兩余那麼要好。

接下來的情節就有點兒艱險了。必須見面，但必須在午夜之後，不能讓兩報的任何一個工作人員知道，甚至，連懷疑的可能都沒有。後來，通過馬來西亞藝術學院院長鄭浩千先生，做到了。鬼鬼祟祟，輕手輕腳，兩人的外貌很多人認識，而兩家大報的耳目又是多麼密集。終於，見面，關門，大笑，又用手把嘴捂住，抖著肩膀笑。

那次我演講的題目是反駁「中國崩潰論」。我在臺灣經濟學家高希均先生啟發下，已經懂一點經濟預測，曾在《千年一歎》、《行者無疆》中提早十年準確預測了歐洲幾個國家的嚴重經濟趨勢，因此反駁起來已經比較「專業」。

余光中先生在「敵報」會演講什麼呢？他看起來對經濟不感興趣，似乎也不太懂。要說的，只能是文化，而且是中華文化。如果要他反駁「中華文化崩潰論」，必定言辭滔滔。

那麼，我們還是緊密呼應，未曾造成「以余克余」的戰場。

七

從林懷民，到白先勇、余光中，我領略了一種以文化為第一生命的當代君子風範。

他們不背誦古文，不披掛唐裝，不抖擻長髯，不玩弄概念，不展示深奧，不扮演菁英，不高談政見，不巴結官場，更不炫耀他們非常精通的英語。只是用慈善的眼神、輕悠的步態、平穩的語調、謙恭的動作告訴你，這就是文化。

而且，他們順便也告訴大家：什麼是一種古老文化的「現代型態」和「國際接受」。

說實話，雲門舞集最早提出口號是「以中國人作曲，中國人編舞，中國人跳給中國人看。」但後來發現不對了，事情產生了奇蹟般的拓展。為什麼所有國家的所有觀眾都神馳心往，因此年年必去？為什麼那些夜晚的臺上臺下，完全不存在民族的界線、人種的界線、國別的界線，大家都因為沒有界線而相擁而泣？

答案，不應該從已經擴大了的空間縮回去。雲門打造的，是「人類美學的東方版本」。

這就是我所接觸的第一流藝術家。

為什麼天下除了政治家、企業家、科學家之外還要藝術家？因為他們開闢了一個無疆無界的淨土，自由自在的天域，讓大家活得大不一樣。

從那片淨土、那個天域向下俯視，將軍的兵馬、官場的升沉、財富的多寡、學科的進退，確實沒有那麼重要了。根據從屈原到余光中的目光，連故土和鄉愁，都可以交還給文化，交還給藝術。

藝術是「雲」，家國是「門」。誰也未曾規定，哪幾朵雲必須屬於哪幾座門。僅僅知道，只要雲是精采的，那些門也會隨之上升到半空，成為萬人矚目的巨構。這些半空之門，不再是土門，不再是柴門，不再是石門，不再是鐵門，不再是宮門，不再是府門，而是雲門。

只為這個比喻，我們也應該再一次仰望雲門。

大地的回答

炎帝之碑。

〔炎帝之碑全文〕

華夏遠祖，野生莽沙，幸有王者，首教耕稼。此王者誰？神農炎帝也；長夜漫漫，如海無涯，幸有王者，燧得光華。此王者誰？神農炎帝也；泥昧歲月，邪疫如麻，幸有王者，嘗草治煞。此王者誰？神農炎帝也；天下初成，隨處殺伐，幸有王者，安民以罰。此王者誰？神農炎帝也。

偉哉至尊炎帝，山岳難比其大。首舉文明之炬，始植民生之花。千古開拓之斧，鑿定創建之法。並肩軒轅黃帝，共奠東方巨廈。歷盡萬劫未滅，永遠蓄勢待發。後世億兆子孫，無論海陬天涯，只須語涉炎黃，皆可視若一家。

家園門庭已掃，慈顏如詩如畫。炎帝安寢之地，崇陵又起紫霞。呼集六合同胞，再祭炎帝文化。兼有雕像新立，株洲神農城下。自此萬方心泉，齊向是處傾灑。拜謝鴻濛先人，佑我煌煌中華。

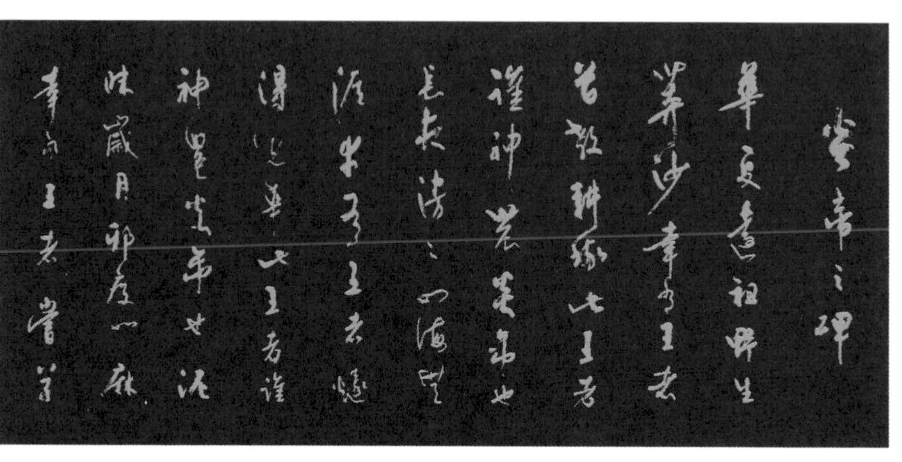

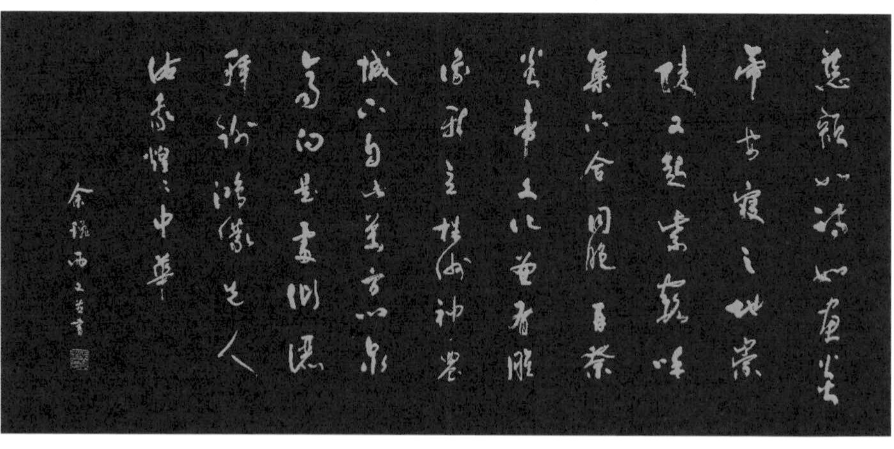

炎帝之碑

局部圖，全碑立於湖南省株洲市。

法門寺碑。

〔法門寺碑全文〕

佛指在此，指點蒼茫。遙想當初，隱然潛藏，中土雄魂，如蒙寒霜。渺渺千年，再見天光，蒼生驚悅，世運已暢。覺者頓悟，興衰巨掌。

法門於斯，吐納無量。矯矯魏晉，赫赫盛唐。袈裟飄忽，駝影浩蕩。梵唄似雲，詩韻如浪。祈願此門，不再凋敝，啟迪人間，引渡萬方。

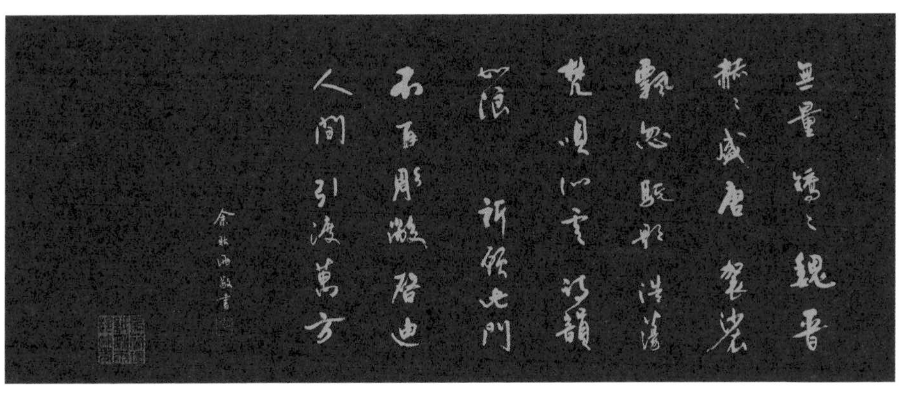

法門寺碑
立於陝西扶風法門寺內。

采石磯碑。

〔采石磯碑全文〕

此為采石磯，李白辭世地。追溯三千里，屈原誕生地。追溯兩千里，屈原行吟地。追溯一千里，東坡流放地。

如許絕頂詩人，或依江而生，或憑江而哭，或臨江而唱，或尋江而逝，可知此江等級，早已登極。余曾問：在世界名山大川間，詩格最高是何處？所得答案應無疑：萬里長江數第一。

細究中華詩格，多半大河之賜。黃河呼喚莊嚴，長江翻卷奇麗；黃河推出百家，長江托舉孤楫；黃河滋養王道，長江孕育遐思；黃河濃繪雄渾，長江淡守神祕。兩河喧騰相融，合成文明一體。

李白來自天外，兼得兩河之力，一路尋覓故鄉，歸於此江此磯。於是立地成臺，呼集千古情思，告示大漠煙水，天下不可無詩。

詩為浮生之韻，詩乃普世之寄。既然有過盛唐，中國與詩不離；既然有過李白，九州別具經緯。

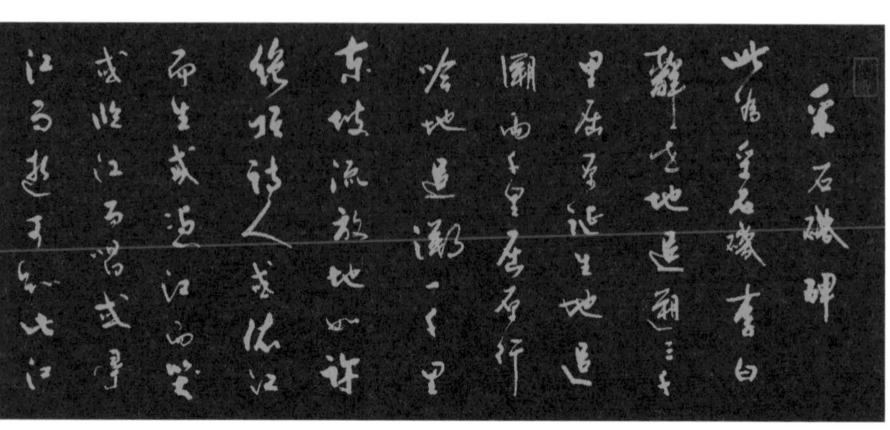

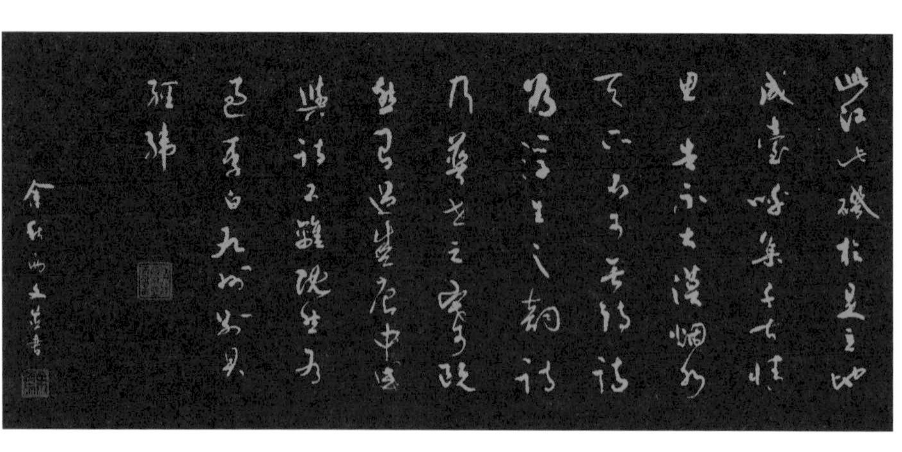

采石磯碑
局部圖，全碑立於安徽省馬鞍山市長江南岸。

鍾山之碑。

〔鍾山之碑全文〕

九州方圓，勝跡無數。惟有寥寥幾處，深嵌史籍而風光宜人。其中之一，在南京鍾山之麓。

此地岳雄水冽，古蹟連綿。徜徉其間，步步皆是六朝熏風，南唐遺韻；隱隱可感大明王氣，豪傑眼神。每當清秋時節，重重悲歡歸於楓葉，滔滔訴說止於晚風，只留得斷墟明月、叢林暗香，真可謂中國文化之一大詩境也。

鍾山風物美則美矣，無奈龍虎際會，雲漢蒼黃。頻經鐵血狼煙，忍看山頽石老。幸而禍不永駐，山川竟得重繪。南京人民於甲申之年啟動整治工程，斥資五十億，搬遷十三村，移民兩萬餘，增綠七千畝，新建棧道，博蒐物種，闢出諸多公園，重修兩大陵墓。一時如風拂沉霧，雨洗蕪嶺，使歷史偉蹟有緣得遇生態偉蹟，令百代傷殘有幸憩於現代蔥蘢。

憑此更須感激南京：再度為中華文化增一聚氣之谷，留一解讀之門。

主事者囑余書碑，余方落數筆已覺煙霞滿目，神馳心移。

鍾山之碑

局部圖，全碑立於南京市東部鍾山之麓。

大聖塔碑。

〔大聖塔碑全文〕

長江之南有句容城，句容城中有崇明寺，崇明寺內有大聖塔，此自古以來遠近盡知之事也。

大聖塔因何得名？曰紀念大聖僧伽也；大聖來自何時？曰唐代也；大聖來自何處？曰西域也；西域何地？曰不可考也；屬華夏之內之外耶？曰不得而知也。可想見者，唯荒漠沙原，依稀行腳。於是，大唐之大，中亞之遠，佛教之盛，句容之幸，盡在一塔也。

此塔初為木構，宋改磚塔。雖代有修繕，終無奈老去。八十年前被焚，四十年前被拆。五年前發心重建，捐獻者六十餘萬。可見古塔於民，遠且近矣；眾目所盼，殷且誠矣。此塔之建，如海航升桅，句容明日，大可期矣。

大聖塔碑
局部圖，全碑立於江蘇省句容。

金鐘樓碑。

〔金鐘樓碑全文〕

一座城市若想由繁華上升到詩境，一靠景致，二靠故事。景致是空間之詩，故事是時間之詩。時間之詩未必盡是歷史，仲馬和雨果在巴黎已創佳例。

上海缺少時間之詩，卻也有一些傳說值得珍視。相傳距今一千七百餘年，正是三國赤烏年間，一位高僧建成靜安寺後又執杖東行，發現一殊勝之地，即謂之「流金地緣」，便建一鐘樓曰金鐘樓。其時此處瀕臨海灘，鐘聲樓影，日夜呼應，漁火明滅、船楫隱約，直至毀於南宋戰亂。

不知又過多少歲月，有一道人飄然雲遊至此，驚歎風水之奇曰：「縱使八仙共勘，亦非此莫屬」。於是此處便有八仙橋，車水馬龍成通衢，直至一九一四年坍塌。

畢竟，樓可摧而難奪地氣，橋能塌而無改天意。既得佛道兩家先後點化，此地早已稱盛天下。二十世紀末上海企業家領悟其間玄機，合力重鑄金鐘，再造鐘樓，為今日鬧市留一峭拔老夢。

此後匆匆行人若在摩肩接踵間聽到天宇中傳來堂皇鐘鳴，應稍稍停步。因為這便是時間之詩，這便是城市之魂。

（此碑立於上海市黃埔區八仙橋金鐘樓頂樓。）

秦長城博物館。

〔秦長城博物館說明〕

歷來習稱，中國萬里長城和秦始皇兵馬俑為世界第七、第八奇蹟。而少有人問，第一至第六奇蹟在何處？

我於書中得知，此乃遠年一旅人憑自己在小亞細亞有限見聞，隨興排列而已，顯非可信坐標。

幸而三年前諸多國際人士集聚歐洲里斯本，重評世界奇蹟。投票結果，踞第一者，乃萬里長城。

由此吾可笑語國人，不必再以第七、第八或「東方威尼斯」等名號來自傲自雄。華夏文明自有諸般不及人處，卻是至今唯一存活之古文明。有充分理由使後代自在、自立。

此碑所示之秦長城，為萬里長城之初始遺蹟。最可觀處，在內蒙古固陽縣境之山坡之上。

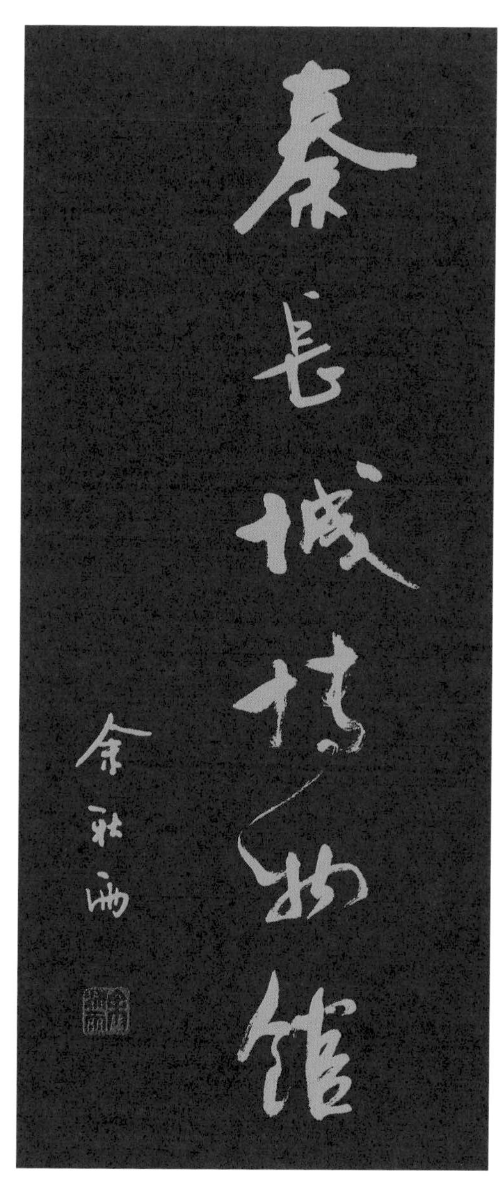

長城博物館題詞

雲岡石窟。

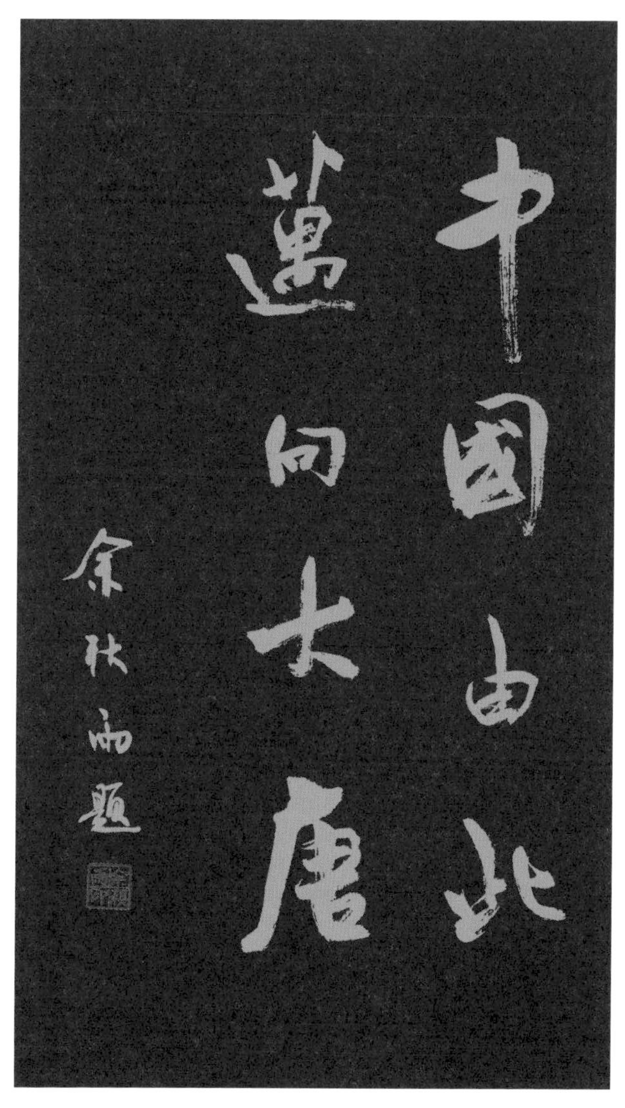

雲岡石窟題詞

〔雲岡石窟說明〕

余平生研究史學，特別傾心北魏。

回溯秦漢兩朝，皆竭力防禦北方鐵騎。誰知公元五世紀，反而是鮮卑拓跋氏鐵騎建立之北朝，強勁提振中華文化，且同時汲取印度文化、希臘文化、波斯文化，而成為當時人類文明之交融中心。中華文化，亦由此而精氣充溢，直指輝煌。故我曰，僅有諸子學說，難以構建大唐。直至北魏馬蹄萬里、雄氣廣凝，則大唐不遠矣。

此乃中華文化之極大轉捩點。山西大同之雲岡石窟，可為第一佐證。

余書此碑，立於雲岡石窟「曇曜五窟」西側之坡道上。

都江堰。

〔都江堰說明〕

「拜水都江堰，問道青城山」。多年前我曾在青城山石階間吟得此聯，並隨即應邀書寫於路旁一道觀之几案上。不知何時得以流傳，據稱已成為當地標識，處處可見。

都江堰在五一二汶川大地震中蒙受重創。我於第一時間趕去救援，驚見廢墟瓦礫間多有此聯殘片。我鞠身捧起，細細辨認，不禁感泣長歎。

此十字雖出自吾手，而吾不知拜水大儀竟如此之暴烈，亦不知問道之所答竟如此之艱險。可見天道難問，天機玄深，人在天懷，不可造次，須秉百般善心、千般德行，以奉敬畏。

大災之後，余再度恭書此聯。都江堰民眾於災後重建之地，兩處立碑刻鑿，余敬謝無語，面西長立。嗚呼，其水其山，已鑄吾心；此情此緣，必隨終身。

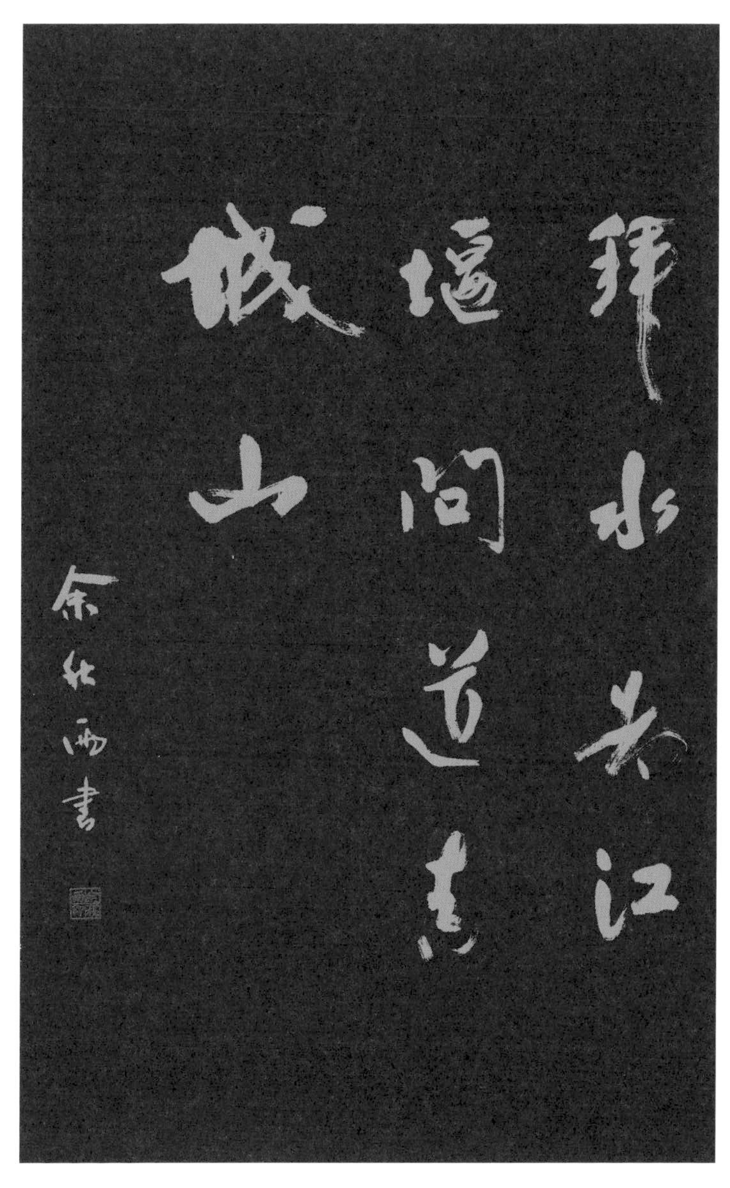

都江堰題詞

昆崙第一城。

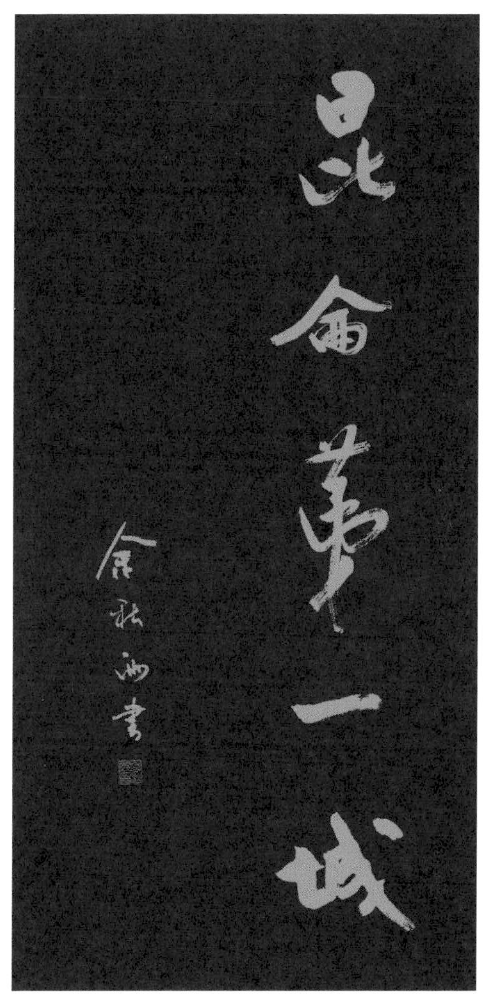

昆崙山題詞

〔昆崙第一城說明〕

昆崙第一城，即新疆喀什的葉城，地處葉爾羌河上游，故名。此城置身於昆崙山與塔克拉瑪干大沙漠連接處，可通西藏阿里地區。世界各國登山攀援世界第二高峰喬戈里峰，也以此為起點。所以，又被稱為「天路之始，昆崙之門」。

昆崙山下的喀什，是古代絲綢之路的要衝，也是世界各大文明交流的驛站。大唐文明的形成，離不開這一西域通道。佛教和伊斯蘭教傳入中國，也以這裡為主要門戶。因此，這是研究中國文明和世界文明的必要課堂，即便山高路遠、沙漠阻隔，也應一再抵達。

我的這一題詞，刻鑿在昆崙山的山石上，以表後代學人對古代偉業的無限崇敬。

淨月潭。

〔淨月潭說明〕

壬辰初夏，吉林友人邀我到長春演講長白山文化。長白山是我常去之地。雖然遠在關外，卻是強者祖源，大朝後院，無處不是雪埋健蹄，林掩豪情，話題甚多。但是，在我看來，這一切都不重要。真正值得我們千叩萬拜的，是它的生態文化。

一個法國水務專家告訴我，今日世界，最佳水源地有三個：阿爾卑斯山、高加索山和長白山。然而，前兩者或開發過度，或條件欠缺，唯長白山，方興未艾，前途無限。我不知道他說得是否正確，但深信此山、此水、此林、此嵐、此氣，以及那些純樸的棲息者、守護者，早已構成一部天地大書，文化份量遠超一切筆墨文本。

文化的最後指向是自然之道。長白山足可確認自己在文化上的基本身分。

省會長春，得氣於長白山。雖工業發達，亦生態建全。長春冬南有大林大水，卻取一精緻小名曰淨月潭。我藉名而思；唯其擺脫塵汙，方有淨月映潭，如此古典詩境，卻是生態理想。

當地友人誠邀題名，我蒐紙尋筆，恭敬從命。

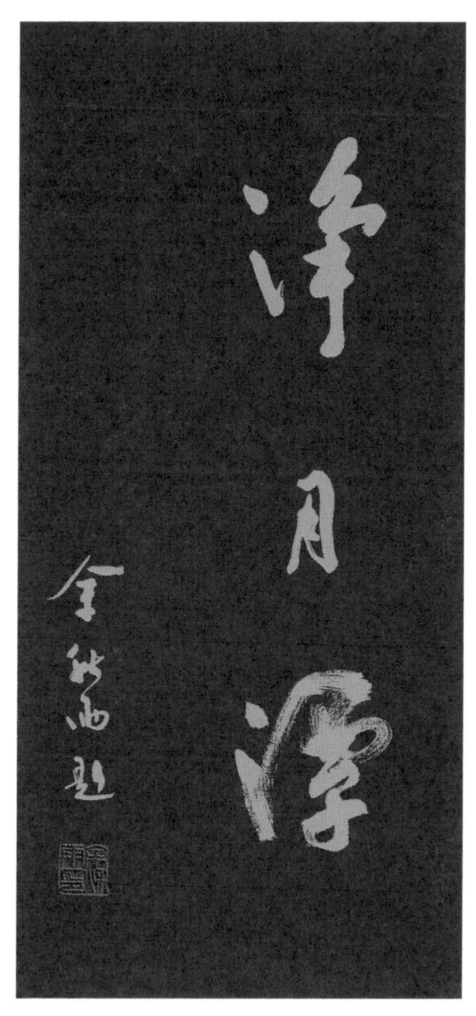

淨月潭題詞

謝晉墓碑。

〔謝晉墓碑全文〕

謝晉先生，浙江上虞人氏，東晉謝安、謝玄之後也。取晉為名，以表傳承。悠悠千年，果然繼其先祖創拓之脈，引領中國電影事業而成一代宗師。

畢生激情如火，攝盡世間血淚。辨善惡於紅塵，投思索於青史，追人性於災難，問正義於困頓，且成功融入東方婦女忠貞淑婉形象而感動千家萬戶。

後人若問：在封閉年月，鑿得天光誰為最？答曰：謝晉也；再問：在復甦時代，震聾發聵誰為最？答曰：謝晉也。

謝晉作品，潤澤祖孫三代。此地丘塋，足可笑對蒼原。

〔秋雨附記〕

謝晉先生在世時，曾一再宣佈遺囑：希望自己離世後由韓美林先生設計墓碑，由我書寫碑文。

此日終於來到。美林與我，均及時執行了遺囑。

壬辰初春，韓美林藝術大展在北京國家博物館開幕，我前往作開幕演講。謝晉夫人徐大雯女士，亦以巍巍高齡北上參加。謝夫人一見我與我妻，即後退一步，深深彎腰，以隆重鞠躬之古禮謝我碑文。

我與我妻連忙攙扶，攙扶起令人敬仰之謝門高風，永留世間。

古典的回答

〈心經〉今譯。

一個能夠自在地進行觀察的菩薩，在深度修行中以最高智慧獲得觀照，發現世間種種蘊集都虛空無常。於是，一切痛苦和災厄都可以度過。

舍利子啊，物質形態的「色」，全都等於「空」，真可謂「色不異空，空不異色，色即是空，空即是色」。其實，就連感受、想像、行為、見識，也都是這樣。

舍利子啊，各種概念都是空相。因此，無所謂誕生和滅亡，無所謂汙垢和潔淨，無所謂增加和減少。

在空相中，沒有真實的物質、感受、想像、行為、見識，沒有真實的眼、耳、鼻、舌、身、意，也沒有真實的視覺、聽覺、嗅覺、味覺、觸覺、記憶。從視覺到意識之間的種種界定，都不存在。

在空相中，既沒有無明的愚闇，也沒有無明的結束；既沒有老死的輪迴，也沒有老死的終止；既沒有苦惱的聚集，也沒有苦惱的斷滅；既沒有機智，也沒有獲得。

正因為一無所得，大菩薩憑著大智慧超度，心中就沒有牽掛和障礙，所以也沒有恐怖，能夠遠離種種顛倒夢想，終於達到真正的解脫——涅盤。

過去、現在、未來三世，覺悟者只要憑著大智慧超渡，就能獲得最高正覺。大智觀自在菩薩行深般若波羅蜜多時照見五蘊皆空度一切苦厄舍利子色不異空空不異色色即是空空即是色受想行識亦復如是舍利子是諸法空相不生不滅不垢不淨不增不減

是故空中無色無受想行識無眼耳鼻舌身意無色聲香味觸法無眼界乃至無意識界無無明亦無無明盡乃至無老死亦無老死盡無苦集滅道無智亦無得以無所得故菩提薩埵依般若波羅蜜多

〈心經〉行書寫本，已刻碑於佛教聖地普陀山。

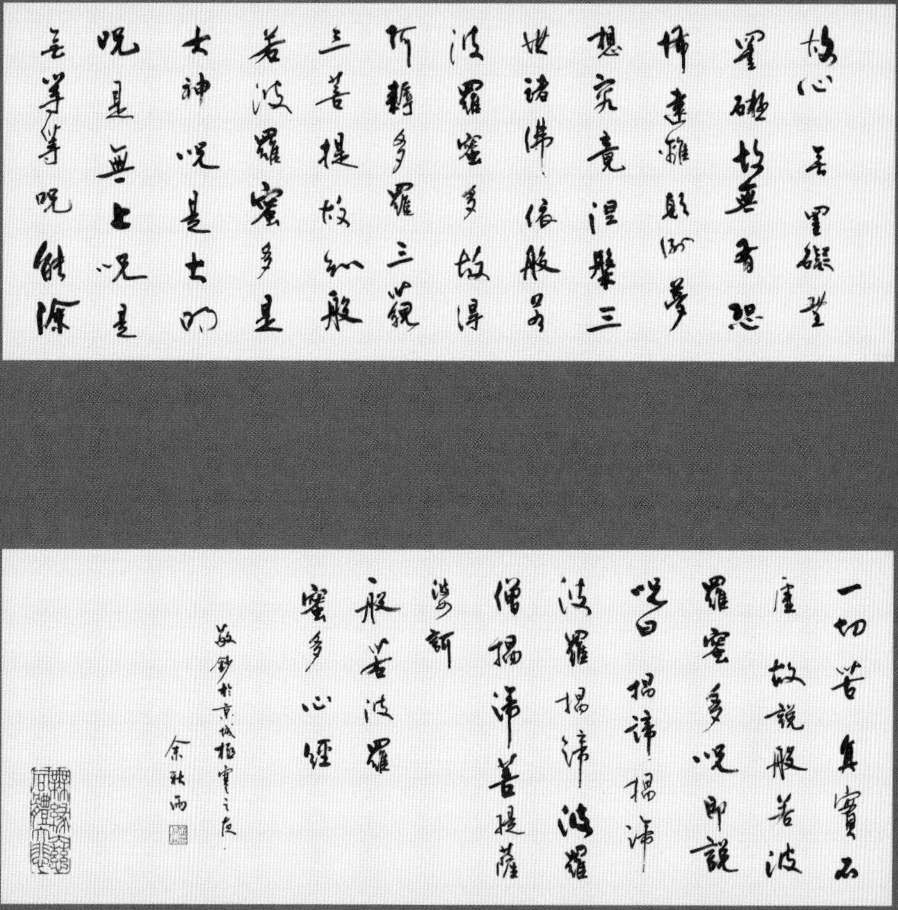

〈心經〉行書寫本，局部圖之二。

慧超渡就是神聖的咒語，光明的咒語，無上的咒語，無比的咒語。這咒語能夠除去眾生的一切痛苦，真實不虛。那麼，就讓我們來誦念這個咒語——

去吧，去，
到彼岸去。
大家都去，
趕快覺悟！

〔秋雨附記〕

咒語不宜被顯譯，因此我們還是由顯返密，誦念唐代玄奘法師的譯本：「揭諦，揭諦，波羅揭諦。波羅僧揭諦，菩提薩婆訶！」乾隆皇帝曾根據藏傳高僧所誦之梵語讀音重新用漢字音譯這一咒語，但所用漢字過於冷僻，反而不宜誦讀，故未能流傳。

〈離騷〉今譯。

我是誰？
為何憂傷？
為何孤獨？
為何流浪？

我是古代君王高陽氏的後裔，父親的名字叫伯庸。我出生在寅年寅月庚寅那一天，父親一看日子很正，就給我取了個好名叫正則，又加了一個字叫靈均。我既然擁有先天的美質，那就要重視後天的修養。於是我披掛了江蘺和香芷，又把秋蘭佩結在身上。

天天就像趕不及，惟恐年歲太匆促。早晨到山坡摘取木蘭，傍晚到洲渚採擷宿莽。日月匆匆留不住，春去秋來不停步。我只見草木凋零，我只怕美人遲暮。何不趁著盛年遠離汙濁，何不改一改眼下的法度？那就騎上駿馬馳騁吧，我願率先開路。

古代三王德行純粹，眾多賢良聚集周旁：申椒和菌桂交錯雜陳，蕙草和香芷聯結成行。遙想堯舜耿介坦蕩，選定正道一路順暢；相反桀紂步履困窘，想走捷徑而陷於猖狂。現在那些黨人苟且偷安，走的道路幽昧而荒唐。我並不是害怕自身遭殃，而只是恐懼國家敗亡。我忙忙碌碌奔走先後，希望君王能效法先王。但是君王不體察我的一片真情，反而聽信讒言而怒發殿堂。我當然知道忠直為患，但即便隱忍也心中難放。我指九天為證，這一切都是為了你，我的君王！

說好了黃昏時分見面，卻為何半道改變路程？注1既然已經與我約定，卻為何反悔而有了別心？我並不難過與你離別，只傷心你數次變更。

我已經栽植了九畹蘭花，百畝蕙草。還種下了幾壟留夷和揭車，杜衡和芳芷。只盼它們枝葉峻茂，到時候我來收摘。萬一萎謝了也不要緊，怕只怕整個芳苑全然變質，讓我哀傷。

眾人為什麼爭奪得如此貪婪，永不滿足總在索取。又喜歡用自己的尺規衡量別

注1　原文為「曰黃昏以為期兮，羌中道而改路」。宋代洪興祖《楚辭補注》認為這兩句可能是衍文，或為後人所增。我倒是欣賞其間出現的突兀之奇，又不傷整體文氣，所以保留。

人，憑空生出那麼多嫉妒。看四周大家都在奔跑追逐，這絕非我心中所需。我唯恐漸漸老之將至，來不及修名立身就把此生虛度。

早晨喝幾口木蘭的清露，晚上吃一把秋菊的殘朵。只要內心美好堅定，即便是面黃肌瘦也不覺其苦。我拿著木根繫上白芷，再把薜荔花蕊串在一起，又將蕙草纏上菌桂，搓成一條長長的繩索。我要追尋古賢，絕不服從世俗。雖不能見容於今人，也要走彭咸[注2]遺留的道路。

我擦著眼淚長歎，哀傷人生多艱。我雖然喜好修飾，也知道嚴於檢點。但早晨剛剛進諫，傍晚就丟了官位。既責備我佩戴蕙草，又怪罪我手持茝蘭。然而，只要我內心喜歡，哪怕九死也不會後悔。

只抱怨君王無思無慮，總不能理解別人心緒。眾女嫉妒我的美色，便造謠說我淫蕩無度。時俗歷來投機取巧，背棄規矩進退失據。顛倒是非追慕邪曲，爭把阿諛當作制度。我抑鬱煩悶心神不定，一再自問為何獨獨困於此時此處。我寧肯溘死而遠離，也不忍作態如許。

鷹雀不能合群，自古就是殊途。方圓豈可重疊，相安怎能異路。屈心而抑志，只能忍恥而含辱。保持清白而死於直道，本為前代聖賢厚囑。我後悔沒有看清道路，佇立良久決定回去。掉轉車輿回到原路吧，趕快走出這短短的迷途。且讓我的馬在蘭皋漫步，再到椒丘暫時駐足。既然進身不得反而獲咎，那就不如退將下來，換上以前的衣服。

把荷葉製成上衣，把芙蓉集成下裳。無人賞識就由它去，只要我內心依然芬芳。高高的帽子聳在頭頂，長長的佩帶束在身上，芳香和汗漬交糅在一起，清白的品質毫無損傷。忽然回頭遠遠眺望，我將去遊觀浩茫四荒。佩戴著繽紛的裝飾，散發出陣陣清香。人世間各有所樂，我獨愛修飾已經習以為常。即使是粉身碎骨，豈能因懲戒而驚慌。

大姐著急地反覆勸誡：「大禹的父親過於剛直而死於羽山之野，你如此博學又有修養，為何也要堅持得如此孤傲？人人身邊都長滿了野草，你為何偏偏潔身自好？民

注2 彭咸，相傳為殷代賢大夫，諫其君而不聽，自投水而死。見王逸《楚辭章句》

眾不可能聽你的解釋，有誰能體察你的情操？世人都在勾勾搭搭，你為何獨獨不聽勸告？」

聽完大姐我心煩悶，須向先聖求公正。渡過了沅湘再向南，我要找舜帝陳述一番。

我說，大禹的後代夏啟得到了樂曲〈九辯〉、〈九歌〉，只知自縱自娛，不顧危難之局，終因兒子作亂而顛覆。后羿遊玩過度，沉溺打獵，愛射大狐。淫亂之徒難有善終，那個寒浞就占了他得妻女。至於寒浞的兒子澆，強武好鬥不加節制，終日歡娛，結果身首異處。夏桀一再違逆常理，怎能不與大禍遭遇。紂王行施酷刑，殷代因此難以長續。

相比之下，商湯、夏禹則虔恭有加。周朝的君王謹守大道，推舉賢達，遵守規則，很少誤差。皇天無私，看誰有德就幫助他。是啊，只有擁有聖哲的德行，才能擁有完整的天下。

瞻前而顧後，觀人而察本，試問：誰能不義而可用？誰能不善而可行？我雖然面對危死，反省初心仍無一處悔恨。不願為了別人的斧孔，來削鑿自己的木柄，一個

離騷

帝高陽之苗裔兮
朕皇考曰伯庸攝
提貞於孟陬兮惟
庚寅吾以降皇
覽揆余初度兮肇

〈離騷〉行書寫本，局部圖之一。

個前賢都為之犧牲。我噓唏心中鬱悒，哀歎生不逢辰，拿起柔軟的蕙草來擦拭眼淚，那淚水早已打濕衣襟。

終於，我把衣衫鋪在地上屈膝跪告：我已明白該走的正道，那就是駕龍乘風，飛上九霄。

清晨從蒼梧出發，傍晚就到了昆侖。我想在這神山上稍稍停留，抬頭一看已經暮色蒼茫。太陽啊你慢點走，不要那麼急迫地落向西邊的崦嵫山。前面的路又長又遠，我將上下而求索。

我在咸池飲馬，又從神木扶桑上折下枝條，遮一遮刺目的光照，以便在天國逍遙。我要讓月神作為先驅，讓風神跟在後面，然後再去動員神鳥。我令鳳凰日夜飛騰，我令雲霓一路侍從，整個隊伍分分合合，上上下下一片熱鬧。

終於到了天門，我請天帝的守衛把天門打開，但是，他卻倚在門邊冷眼相瞧。太陽已經落山，我紐結著幽蘭等得苦惱。你看世事多麼混濁，總讓嫉妒把好事毀掉。

第二天黎明，渡過神河白水，登上高丘閬風。栓好馬匹眺望，不禁涕淚涔涔：高丘上，沒有看見女人。

我急忙從春宮折下一束瓊枝佩戴在身，趁鮮花還未凋落，看能贈予哪一位佳人。我叫雲師快快飛動，去尋訪古帝伏羲的宓妃洛神。我解下佩帶寄託心意，讓臣子蹇修當個媒人。誰知事情離合不定，宓妃古怪地搖頭拒人。說是晚上要到窮石居住，早晨要到洧盤濯髮。仗著相貌如此乖張，整日遊逛不懂禮節，我便轉過頭去另作尋訪。

四極八方觀察遍，我周遊一圈下九霄。巍峨的瑤台在眼前，有娀氏美女住裡邊。我讓鴆鳥去說媒，情況似乎並不好。鳴飛的雄鳩也可用，但又嫌它太輕佻。猶豫是否親自去，又怕違禮被嘲笑。找到鳳凰送聘禮，但晚了，古帝高辛已先到。

想去遠方無處落腳，那就隨意遊蕩無聊。心中還有悠遠夏朝，兩位姑娘都是姓姚。可惜媒人全都太笨，事情還是很不可靠。

人世渾濁嫉賢妒才，大家習慣蔽美揚惡，結果誰也找不到美好。歷代佳人虛無縹緲，賢明君主睡夢顛倒。我的情懷向誰傾訴？我又怎麼忍耐到生命的終了？

拿著芳草竹片，請巫師靈氛為我占卜。

占問：「美美必合，誰不慕之？九州之大，難道只有這裡才有佳人？」

卜答：「趕緊遠逝，別再狐疑。天下何處無芳草，何必總是懷故土？」

是啊，世間昏暗又混亂，誰能真正瞭解我？人人好惡各不同，此間黨人更異樣：他們把艾草塞滿腰間，卻宣稱不能把幽蘭佩在身上；他們連草木的優劣也分不清，怎麼能把美玉欣賞；他們把糞土填滿了私囊，卻嘲笑申椒沒有芳香。

想要聽從占卜，卻又猶豫不定。正好巫咸[注3]要在夜間降臨，我揣著花椒精米前去拜問。百神全都來了，幾乎擠滿天廷。九嶷山的諸神也紛紛出迎，光芒閃耀顯現威靈。

巫咸一見我，便告訴我很多有關吉利的事情。他說：勉力上下求索，尋找同道之人。連湯禹也曾虔誠尋找，這才找到伊尹、咎陶協調善政。只要內心真有修為，又何必去用媒人？傳說奴隸傅岩築牆，商王武丁充分信任；呂望曾經當街操刀，周文王卻把他大大提升；甯戚叩擊牛角謳歌，齊桓公請來讓他輔政……

該慶幸的是年歲還輕，時光未老。怕只怕杜鵑過早鳴叫，使百花應聲而凋，使荃蕙化而為茅。

是啊，為什麼往日的芳草，如今都變成了蕭艾？難道還有別的什麼理由，實在只因為它們缺少修養。我原以為蘭花可靠，原來也是空有外相。委棄美質沉淪世俗，只能勉強列於眾芳。申椒變得諂媚囂張，樧草自行填滿香囊。一心只想往上鑽營，怎麼還能固守其香？既然時俗都已同流，又有誰能堅貞恆常？既然申蘭也都如此，何況揭車、江離之輩，不知會變成什麼模樣。

獨可珍貴我的玉珮，雖被遺棄歷盡滄桑，美好品質毫無損虧，至今依然散發馨香。那就讓我像玉珮那樣協調自樂吧，從容遊走，繼續尋訪。趁我的服飾還比較壯觀，正可以上天下地，行之無疆。

靈氛告訴我已獲吉占，選個好日子我可以啟程遠方。

折下瓊枝作佳餚，碾細玉屑作乾糧。請為我駕上飛龍，用象牙美玉裝飾車輛。離心之群怎能同在，遠逝便是自我流放。向著昆崙前進吧，長路漫漫正好萬里爽朗。雲

注3　巫咸，據《山海經》之《大荒西經》所記，巫咸為「靈山十巫」之一。

霓的旗幟遮住了天際，玉鈴的聲音叮叮噹噹。早晨從天河的渡口出發，晚上就到達西天極鄉。鳳凰展翅如舉雲旗，雄姿翩翩在高空翱翔。

終於我進入了流沙地帶，沿著赤水一步步徜徉。指揮蛟龍架好橋樑，又命西皇援手相幫。前途遙遠而又艱險，我讓眾車伺候一旁。經過不周山再向左轉，一指那西海便是方向。

集合起我的千乘車馬，排齊了玉輪一起鳴響。駕車的八龍婉婉而行，長長的雲旗隨風飛揚。定下心來我按轡慢行，心神卻是邈邈茫茫。那就奏起九歌，舞起韶樂吧，借此佳日盡情歡暢。

升上高天一片輝煌，忽然回首看到了故鄉。我的車夫滿臉悲戚，連我的馬匹也在哀傷，低頭曲身停步彷徨。

唉，算了吧。既然國中無人知我，我又何必懷戀故鄉？既然不能實行美政，我將奔向彭咸所在的地方。

譯於壬辰年 春日

國無人莫我知兮又
何懷乎故都既莫
足與為美政兮吾
將從彭咸之所居

右敬錄屈原離騷

余秋雨書

〈離騷〉行書寫本，局部圖之二。

〔秋雨附記〕

幾年前我為北京大學中文系、歷史系、哲學系的部分學生講授《中華文化史》時，在楚辭上流連了很長時間。與此同時，我寫作了論述屈原意義的學術散文〈第一詩人〉。

這兩件事情，形成了一種濃郁的心理氣氛，使我長久地沉浸在〈離騷〉的詞句之間，成天唸唸叨叨，一直不忍離去。因此，我又順著做了另外兩件事。

第一件事，是把〈離騷〉譯成了現代散文。

這很難，因為〈離騷〉頗為艱深，而我卻想用今天的語言讓每年在端午節划龍舟、吃粽子的普通民眾都能讀懂，中間要搭建的橋樑實在太長了。二十世紀曾出現過不少「今譯」，幾乎都採用了詩體，過於繁瑣齊整，結果，就像一件古董被蒙上了一個格格不入的現代封套，大家還是讀不明白，既丟失了氣韻也丟失了讀者。我要克服這種毛病，剝除封套，把古董安放在最樸實的麻布平臺上，那就是用淺顯的現代散文譯述原作的浩蕩文思。

這件事包含著一系列複雜的學術考訂，實在花去了我的不少功夫。但是，花了功夫又不能讓人看出，最後連九十幾項注釋也只刪剩了三項，讓大家看到一種排除了外在技術障礙之後的古今人心之通，古今詩情之通。

我不知道讀者感覺如何，據我在北京大學學生中的調查，年輕人都很喜歡這樣的文本。他們的熱情，給了我信心。

第二件事，是用行書把〈離騷〉完整地書寫了一遍。歷代書法家很少有人這樣做。原因只有一個：太長。行書講究氣韻，要把筆下氣韻延綿如此之久，很不容易。我因身心皮實居然一氣呵成。更讓我快慰的是，由於熱愛，這些筆墨就像從自己心中自然流出，不同於那種技術性的工整抄寫。

〈逍遙遊〉今譯。

北海有魚，叫鯤。鯤之大，不知有幾千里。它化為鳥，就叫作鵬。鵬之背，也不知有幾千里。奮起一飛，翅膀就像天際的雲。這大鳥，飛向南海；那南海，就是天池。

《齊諧》這本怪異的書說：「鵬鳥那次飛南海，以翅擊水三千里，直上雲霄九萬里，一路浩蕩六月風。」

大鵬從上往下看，只見野馬般的霧氣和塵埃相互吹息。天色如此青蒼，不知是天的本色，還是因為深遠至極而顯現這種顏色？

積水不厚，就無力承載大舟。如果倒一杯水在堂下小窪，只能以芥草為舟。把芥草放進杯子裡，連舟都做不了。同樣，積風不厚，就無力承載巨翅。所以，大鵬在九萬里之間都把風壓在翅下，才憑風而飛，背負青天，無可阻擋，直指南方。

寒蟬和小鳩在一起譏笑大鵬：「我們也飛上去過嘛，穿越榆樹和檀枝，飛不過去了就老老實實回到地面，何必南飛九萬里？」

是啊，如去郊遊，只要帶三餐就飽；如出百里，就要舂一宿之米；如走千里，就要聚三月之糧。這個道理，那兩個小蟲怎麼能懂？

小智不懂大智，短暫不知長久。你看，朝菌活不過幾天，寒蟬活不過幾月，這就叫短暫。但是，楚國南部有一隻大龜叫冥靈，把五百年當作一個春季，再把五百年當作一個秋季；古代那顆大椿樹就更厲害了，把八千年當作一個春季，再把八千年當作一個秋季。這就叫長久，或者說長壽。最長壽的名人是彭祖，眾人老想跟他比，那不是很悲哀？

商湯和他的賢臣棘，同樣在談論鯤鵬和小鳥的話題。他們也這樣說：極荒之北有大海天池，那裡有魚叫鯤，寬幾千里，長不可知；有鳥叫鵬，背如泰山，翅如天雲，扶搖直上九萬里，超雲霧，背青天，去南海。但是，水塘裡的小雀卻譏笑起來：「它要去哪裡？像我，也能騰躍而上，飛不過數仞便下來，在草叢間盤旋。所謂飛翔，也不過如此吧，它還想去哪裡？」

這就是大小之別。

且看周圍那些人，既有做官的本事，又有鄉閭的名聲，既有君主的認可，又有徵

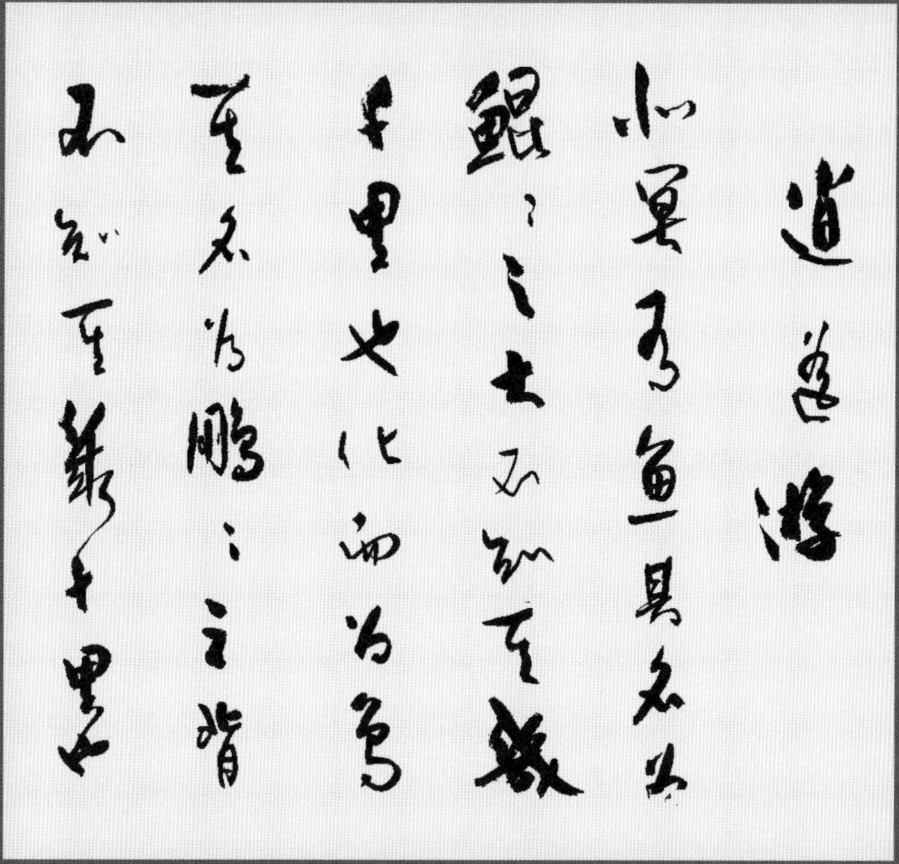

〈逍遙遊〉行書寫本，局部圖之一。

召的信任，他們對自己的看法，大概也像小雀這樣的吧？難怪，智者宋榮子要嘲笑他們。

宋榮子這樣的人就不同了。舉世讚譽他，他也不會得意；舉世非難他，他也不會沮喪。他覺得，人生在世，分得清內外，認得清榮辱，也就可以了，何必急於求成。

但是，即使像宋榮子這樣，也還沒有樹立人生標杆。請看那個列子，出門總是乘風而行，輕鬆愉快，來回半個月路程。對於求福，從不熱切。然而，列子也有弱點，他儘管已經不必步行，卻還是需要有所憑藉，譬如風。

如果有人，能夠乘著天地之道，應順自然變化，遨遊無窮之境，那麼，他還會需要憑藉什麼呢？

因此，結論是——

至人不需要守己；

神人不需要功績；

聖人不需要名聲。

堯帝要把天下讓給許由，對他說：「日月都出來了，火炬還沒有熄滅，那光，不就難堪了嗎？大雨就要下了，灌溉還在進行，那水，不就徒勞了嗎？先生出來，天下大治，如果我還空居其位，連自己也覺得不對。那就請容我，把天下交給你。」

許由回答道：「你治天下，天下已治。我如果來替代你，為了什麼？難道為名？那麼，名是什麼？名、實之間，實為主人，名為隨從。莫非，我要做一個無主的隨從？要說名，你看鷦鷯，名為築巢深林，其實只占了一枝；再看偃鼠，名為飲水河上，其實只喝了一肚。」

「請回去休息吧，君王。我對天下無所用。」許由說：「廚子不想下廚了，也不能讓祭祀越位去代替啊。」

那天，一個叫肩吾的人告訴友人連叔：「我最近聽了一次接輿先生的談話，實在是大而無當，口無遮攔。他說得那麼遙而無極，非常離譜，不合世情，我聽起來有點驚恐。」

「他說了什麼？」連叔問。

「他說，在遙遠的射姑山上住著一位神人。肌膚如冰雪，風姿如處女，不食五穀，吸風飲露，乘雲氣，駕飛龍，游四海之外。還說那神人只要把元神凝聚，就能祛災而豐收。」肩吾說：「我覺得他這話，虛妄不可信。」

連叔一聽，知道了肩吾的障礙，便說：「是啊，盲人無以欣賞文彩，聾者無以傾聽鐘鼓。豈止形體有盲聾，智力也是一樣。我這話，是在說你呢！」

連叔繼續說下去：「那樣的神人，那樣的品貌，已與萬物合一。世上太多紛擾，而他又怎麼會在乎天下之事？那樣的神人，什麼東西也傷不著他，滔天洪水也淹不了他，金鎔山焦也熱不了他。即便是他留下的塵垢秕糠，也能造成堯舜功業。他，怎麼會把世間物理當一回事？」

宋人要到越國賣帽子，但是越人剪過頭髮紋過身，用不著。

堯帝管理過了天下之民，治理過了天下之政，也已經用不著什麼「帽子」。他到汾水北岸去見射姑山上的四位高士，恍惚間，把自己所擁有的天下權位，也給忘了。

乎無為其側逍
遙乎寢臥其下不
夭斤斧物無害者
無所可用安所困
苦哉

余秋雨書

〈逍遙遊〉行書寫本，局部圖之二。

惠施對莊子說：「魏王送給我大葫蘆的種子，我種出來一看，容量可裝五石。拿去盛水，卻又怕它不夠堅牢。剖開為瓢，還是太大，不知道能舀什麼。你看，要說大，這東西夠大，因為沒用，只好砸了。」

莊子說：「先生確實不善於用大。宋國有一家人，祖傳一種防皴護手藥，便世世代代從事漂洗。有人願出百金買這個藥方，這家就聚集在一起商議，說我們世代漂洗，所得不過數金，今天一下子就賣得百金，那就賣吧。那個買下藥方的人，把這事告訴了吳王。正好越國發難，吳王就派他率部，在冬天與越人水戰，因為有了那個防皴藥方，使越軍大敗，吳王就割地封賞他。你看，同是一個藥方，用大了可以憑它獲得封賞，用小了只能借它從事漂洗，這就是大用、小用之別。現在你既然有了五石大葫蘆，為什麼不來一個大用，做成一個腰舟掛在身上，去浮游江湖？如果老是擔憂它沒有用，心思就被蓬草纏住了。」

惠施還是沒有明白，對莊子說：「我有一棵大樹，人家叫它樗，樹幹臃腫而不合繩墨，小枝捲曲而不中規矩，實在無用，長在路旁，木匠一看便轉身離去。剛才先生的話，聽起來也是大而無用，恐怕眾人也會轉身離去。」

莊子進一步勸說惠施：「無用？有用？你難道沒見過野貓和黃獐嗎？它們多麼能幹，既可以躬身埋伏，等候獵物；又可以東西跳樑，不避高下。結果，陷於機關，死於網獵。」

「要說實用，連身大如雲的犛牛，雖可大用，卻逮不著老鼠。」莊子又加了一句。

「今天你擁有一棵大樹，卻在苦惱它無用！」莊子繼續說：「能不能換一種用法？例如，把它移栽到無邊無際的曠野裡，你可以毫無牽掛地徘徊在它身邊，可以逍遙自在地躺臥在它腳下。刀斧砍不著它，什麼也害不了它。它確實無用，卻為何困苦？」

譯於壬辰初夏

〔秋雨附記〕

我在《中國文脈》一書中，撇開思想高度和歷史影響，只對先秦諸子的文學品相進行排列，分出了如下三個等級——

第一等級：莊子、孟子；

第二等級：老子、孔子；

第三等級：韓非子、墨子。

在這個排列中，我又把莊子評為「先秦諸子中的文學冠軍」。理由，在那本書裡有比較論述，就不在這裡重複了。

剛剛評出我又趕緊聲明，這個冠軍只適用於「諸子」範圍之內，如果擴大範圍就不對了。因為在南方，出現了一位比他小三十歲左右的年輕人，那就是屈原。

秦漢之前的「冠亞軍」，對中國文脈的形成至關重要。因此，我決定把莊子和屈原的代表作翻譯成現代散文，讓今天的讀者能夠切實領略。但是，選屈原的代表作比較容易，那就是〈離騷〉，我在為北大學生講課時就翻譯了。選莊子的代表作就有點麻煩。他的那些名篇，各有精采，較難定奪。最後還是決定選〈逍遙遊〉，一是因為它最著名，二是因為「逍遙遊」這三個字，我歷來看作是中國藝術精神的最高概括。〈逍遙游〉這篇文章，以巨大而又自由的鯤鵬開頭，用對話傳送出一組組寓言和象徵，告訴人們不能成為鯤鵬的原因在哪裡，不能投身逍遙遊的障礙在哪裡。大用？小用？有用？無用？實用？不實用？最終的指向，應該是那種應順天地、萬物合一的至人、神人、聖人。

因此，這篇寫於二千多年、僅有一千多字的散文，在跳蕩收縱的筆觸中表述了一種偉大的人格理想，今天讀來還是感到心曠神怡。文章的結束，是一棵長在無垠曠野裡的大樹，莊子要我們在那裡躺下休息。但一躺下，我們又看到文章開頭的如雲大鵬，掠翅飛過。在大樹和大鵬之間的這種感受，無與倫比。

我的翻譯，除了力求準確外，還顧及躲在古老文筆背後的鮮活文思，並努力讓這種文思清晰而又親切地面對當代讀者。因此，今譯不是一項文字工作，而是一種審美態度。

〈赤壁賦〉今譯。

前赤壁賦

壬戌年的那個秋天，七月十六日，我和客人坐船，到赤壁下面遊玩。在風平浪靜之間，我向客人舉起酒杯，朗誦〈明月〉之詩，吟唱〈窈窕〉之章。不一會，月亮從東山升起，徘徊於東南星辰之間。白霧橫罩江面，水光連接蒼穹，我們的船恰如一片蘆葉，浮越於萬頃空間。眼前是那麼開闊，像是要飛到天上，不知停在哪裡；身子是那麼輕飄，像是要遺棄人世，長了翅膀而成仙。

於是我們快樂地喝酒，拍著船舷唱起了歌。歌中唱道：

桂樹為櫓，
蘭木作槳。
櫓劃空明，
槳撥流光。
我的懷念，

渺渺茫茫。
心中美人，
天各一方。

有一位客人吹起了洞簫，為歌聲伴奏。那嗚嗚咽咽的聲音，像是怨恨，又像是愛慕；像是哭泣，又像是訴說。餘音宛轉而悠長，就像一縷怎麼也拉不斷的絲線，簡直能讓深壑裡的蛟龍舞動，能讓孤舟裡的獨女哀泣。

我心中頓覺悽楚，便端正了一下自己的姿態，問那位吹簫的客人：「為什麼吹成這樣？」

那位客人說：「月明星稀，烏鵲南飛——這不是曹操的詩句嗎？想當年，不也是這個地方，西對夏口，東對鄂州，山環水附，草木蒼翠，曹操被周瑜所困？那時候，他剛剛攻下荊州，拿下江陵，順流東下，戰船延綿千里，旌旗遮天蔽日，對著大江飲酒，橫握長矛吟詩，真可謂是一代豪傑啊，然而，他今天在哪裡？……」

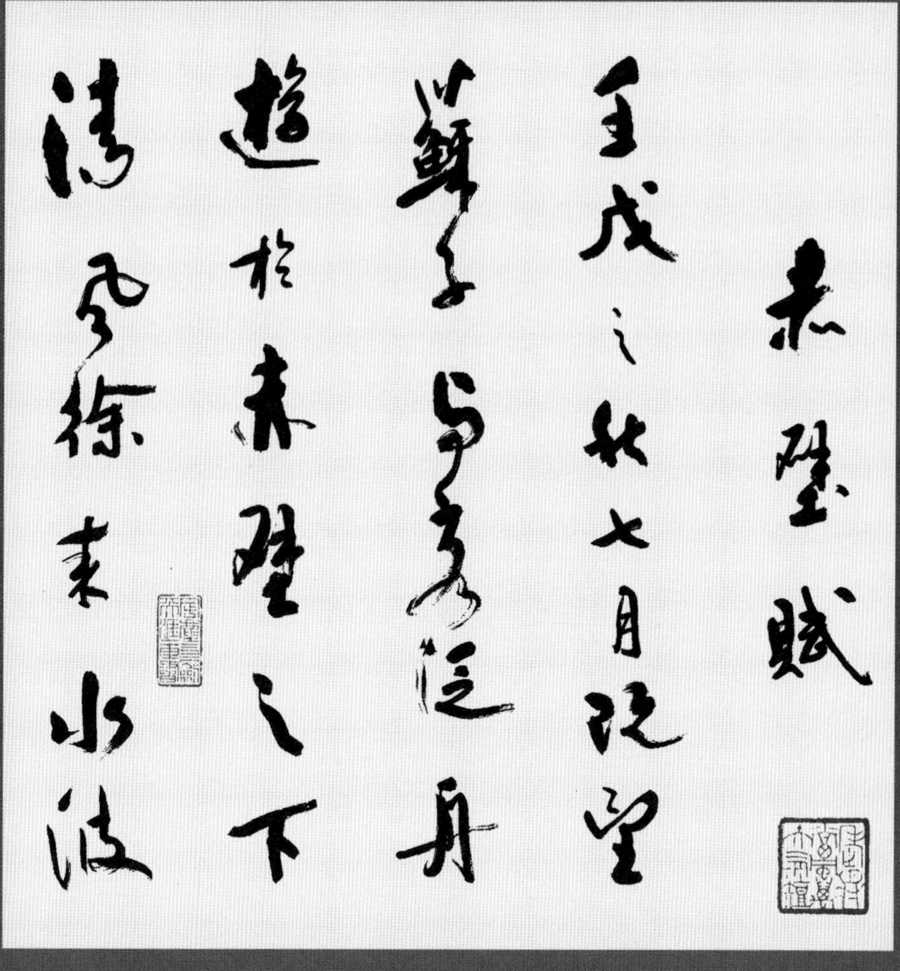

〈赤壁賦〉行書寫本，局部圖之一。

「那就更不必說你我之輩了：捕魚打柴為生，魚蝦麋鹿作伴，駕著小船出沒，捧著葫蘆喝酒，既像昆蟲寄世，又像小米飄海，哀歎生命短暫，羨慕長江無窮⋯⋯。當然我也想與仙人一樣遨遊，與月亮一起長存，但明知都得不到，只能把悲傷吐給秋風。」

我聽完，就對這位客人說：「你也應該知道水和月的玄機吧。這水，看似日夜流走，其實一直存在；這月，看似時圓時缺，其實沒有增減。從變化的角度看，天地之間瞬刻不同；但從不變的角度看，萬物和我們都可以永恆，那又有什麼好羨慕的呢？」

「何況，天地萬物各有所屬，如果不是我們的，分毫都不該占取。只有江上的清風，山間的明月，經由我們的耳朵而成為聲音，經由我們的眼睛而成為色彩，可以儘管取用，怎麼也用不完。這是大自然的無窮寶藏，足供你我共用。」

客人聽罷，高興地笑了，洗了杯子，重新斟酒。終於，菜肴果品全都吃完，空杯空盤雜亂一片，大家就互相靠著身子睡覺，直到東方露出曙色。

後赤壁賦

這年十月十五日，我從雪堂出發，回臨皋去。兩位客人跟著我，過黃泥坂。那是霜降季節，樹葉已經落盡。見到自己的身影在地上，便仰起頭來看月亮，不禁心中一樂，就邊走邊唱，互相應和。

走了一會兒我隨口歎道：「有客而沒有酒，有酒而沒有菜肴，這個美好的夜晚該怎麼度過？」

一位客人說：「今天傍晚，我網到一條魚，口大鱗細，很像松江鱸魚。但是，到哪兒去弄酒呢？」

我急忙回家與妻子商量，妻子說：「我有一斗酒，藏很久了，就是準備你臨時需要的。」

於是我們帶了酒和魚，又一次來到赤壁之下。那兒，江流聲聲，岸壁陡峭。因為山高，月亮被比得很小。水位下落，兩邊坡石畢露。與上次來遊，才隔多久，景色已經變得認不出來了。

我撩起衣服，踏著山岩，撥開茂草，蹲上形如虎豹的巨石，跨過狀如虯龍的古木，攀及禽鳥築巢的大樹，俯瞰深幽難測的長江。兩位客人跟不上我，便尖聲長嘯。他們的聲音震動了草木，振盪著山谷，像是一陣風，吹起了波浪。我突然憂傷，深感恐慌，覺得不能在這裡停留。

下到船上，漂在江中，不管它停在哪裡，歇在何處。快到半夜了，四周一片寂靜。忽然看到一隻孤鶴越過大江從東邊飛來，翅膀像輪子一樣翻動，身白尾黑，長鳴一聲從我們船上飛過，向西而去。

一會兒客人走了，我也就入睡。夢見一個道士，穿著羽毛般的衣服飄然而到臨皋，拱手對我說：「赤壁之遊，快樂嗎？」問他姓名，他低頭不答。我說：「啊呀，我知道了。昨天半夜從我頭頂飛鳴而過的，就是你吧？」

道士笑了，我也醒了。開門一看，什麼也沒有。

譯於辛卯年 夏日

〈赤壁賦〉行書寫本，局部圖之二。

國家圖書館出版品預行編目資料

何謂文化／余秋雨著.
-- 第一版. -- 台北市：遠見天下文化, 2012.11
面； 公分. --（文化文創；CC001）

ISBN 978-986-320-083-3（平裝）

1. 中國文化
541.262 101023270

文化文創 001A

何謂文化

作　　者／余秋雨
事業群發行人／ CEO ／總編輯／王力行
資深行政副總編輯／吳佩穎
責任編輯／陳宣妙
封面暨美術設計／張議文

出版者／遠見天下文化出版股份有限公司
創辦人／高希均・王力行
遠見・天下文化・事業群　董事長／高希均
事業群發行人／CEO／王力行
天下文化社長／總經理／林天來
國際事務開發部兼版權中心總監／潘欣
法律顧問／理律法律事務所陳長文律師　　著作權顧問／魏啟翔律師
社　址／台北市104松江路93巷1號2樓
讀者服務專線／(02)2662-0012
傳　真／(02)2662-0007；2662-0009
電子信箱／cwpc@cwgv.com.tw
直接郵撥帳號／1326703-6號 遠見天下文化出版股份有限公司

電腦排版／立全電腦印前排版有限公司
製版廠／東豪印刷事業有限公司
印刷廠／柏皓彩色印刷有限公司
裝訂廠／中原造像股份有限公司
登記證／局版台業字第2517號
總經銷／大和書報圖書股份有限公司　電話／(02)8990-2588
出版日期／2019年12月9日第二版第1次印行

定價／500元
4713510946824
書號：BCC001A
天下文化官網 —— bookzone.cwgv.com.tw

※本書如有缺頁、破損、裝訂錯誤，請寄回本公司調換
※本書僅代表作者言論，不代表本社立場

天下文化
BELIEVE IN READING